導演症候群

放下心中的劇本，
打破負面慣性，從此更快樂！

DIRECTOR SYNDROME

馬大元──著

目錄

案例篇

推薦序 丟掉劇本，修心養性

黃光國
國家講座教授

這本命名為《導演症候群》的書，內容淺顯易懂而且十分實用。作者馬大元畢業於陽明大學醫學系，曾在專科醫師考試、公職醫生考試與醫師國考等三項考試中，奪得全國榜首，號稱醫界「三冠王」，目前擔任馬大元診所院長。他根據自己的臨床經驗，寫成這本書，希望有一天，可以看到人人都具備熟練的心理技巧，可以「不再被自己的大腦綁架，成為生命真正的主人」。

「被自己的大腦綁架」？在臺灣精神科醫師的養成訓練已經「全盤西化」的今天，馬醫師之所以會有這樣的期待，並不足為奇。然而，如果馬醫師不以既有的成就為滿足，而稍微留意國內心理學界本土化運動的發展，他應當不難看出：本書所謂的「美好的劇本」或「糟糕的劇本」，其實都是「文化的劇本」（cultural scripts），至於對治「導演症候群」，「儒、釋、道」三教合一的文化傳統，也累積了十分豐富的資源，那就是「修心養性」。

如果馬醫師能夠轉個彎，繼續鑽研這個問題，他將會感到柳暗花明，豁然開朗，而由「臺灣的馬大元診所院長」蛻變成為國際級的「精神醫學大師」。我期望這本書成為馬醫師開悟的契機！

推薦序一 改變別人，先改變自己！

三軍總醫院副院長 葉啟斌

在醫學中心待了二、三十年，有機會閱讀不同人的故事，每一個人的路上風景雖有不同，但是跌倒的坎可以有機會歸納出幾個狀態：一個是礙於過去的創傷或教養無法順利往前，也有人快步的過程中忘了許多身邊該注意的事情。

最重要的就是如果你要演好你的角色，必須要常常注意到自己的心態之外，也要瞭解到別人的角色。馬院長提到了我們已經知道改變身邊人的心態很不容易，所以何嘗不改變我們的想法，讓自己有機會過得更好。

馬院長是我多年同事及好友，是一位具有熱誠、遇見挫折能堅持理想，卻又能創造另一片天地的好醫師。他不只在職場上表現傑出，在家庭、同事、朋友關係上都能夠有很好的表現。他提到了一種視覺具象化的概念，讓人很容易在這個時代能夠運用一齣劇中的期待與被期待的壓力與放鬆，甚至把這個概念從一個人的角色擴展到人生觀、或是看待過去與未來的方向。

我相信這個方法是一個好用且實際可運用的自我協助方法，但我更希望大家如果看完了書有意見要討論的話，可以直接找馬院長，可以更深刻感受他的熱情與活力。相信大家除了閱讀吸收知識之外，也可以受到他的影響，對世界及萬物有更寬廣的情懷。

作者序　成為生命真正的主人

許多人都認為，自己的煩惱是獨一無二的。讀完此書後，你會發現，多數的煩惱，背後的原理竟然如此相似。只要把這些常見的心理機制弄清楚、並且學會因應之道，這些煩惱就可以迎刃而解。

沒錯，我所說的，就是「導演症候群」。

父母因為「導演症候群」，與子女關係破裂，甚至毀了孩子的一生？情侶／夫妻因為「導演症候群」，不再相知相惜，甚至反目成仇，神仙伴侶成怨偶？學生因為「導演症候群」，埋沒潛能，學習動機低落？主管因為「導演症候群」，吃力不討好，團隊始終士氣不振？老闆因為「導演症候群」，搞到眾叛親離，事業分崩離析？

為什麼我們老是固執己見？因為我們都愛當「導演」，心中早有一套套的劇本。每個人都有可能因為「導演症候群」，讓自己更脆弱、更不快樂、離夢想越來越遙遠。

什麼是導演症候群？大多數人的煩惱，來自於喜歡當導演。導演心中，總有幾套既定的劇本。有些是「美好的劇本」——如果現實生活與這些美好的劇本有落差，就會產生痛苦。有些是「糟糕的劇本」——這些糟糕的劇本本身，就足以引發許多不舒服。心中有許多情緒，但又不願放下「導演」的身分，就會讓痛苦無限延長……

這種人類最常見的心理痛苦之源，我稱之為「導演症候群」。在課堂中，我曾經講過一個故事：

> 有個人每天出門，都會經過一條河流。河流中藏有看不見的深溝，所以難免會嗆水，甚至可能滅頂。
>
> 他日復一日地出門，日復一日地嗆水。
>
> 日復一日，他咒罵著這河水；日復一日地，他哀嘆自己悲慘的命運……

我問台下來賓，這人是否有別的選擇？人們大笑著說：「當然有許多選擇！」大家七嘴八舌，說他可以學會游泳、可以換個比較淺的地方過河、可以找村民幫忙搭橋，甚至可以換個不須要過河的目的地。但是，人生中，我們是否也是如此瀟灑自在？如此隨心所欲？如此執行力強大？

君不見，多少人可以長時間困在同一個情境無計可施，永遠都在哀怨同樣的事情？

甚至一輩子走不出同一個噩夢？

事業不順的人，可以每天都埋怨這份工作；遇人不淑的人，可以好幾年持續抱怨另一半；婆媳問題的人，可以幾十年怨恨、恐懼自己的婆婆；憤世嫉俗的人，可以每天睜開眼就罵政府、罵經濟、罵環境；自怨自憐的人，可以一輩子哀嘆自己的命運……

你發現了嗎？這一切的背後，似乎都有一個似曾相識的共通點！這個共通點是什麼？它是如何影響人的？有沒有什麼快速有效的解決之道？

我有一個夢，期望有一天，可以看到人人都具備熟練的心理技巧，可以不再被自己的大腦綁架，成為生命真正的主人！身為父母與師長，可以將這個能力傳承下去，讓我們的孩子獨立自主、揮灑自如。讓我們的文明真的大幅進步，人們彼此尊重、接納欣賞、相互成就。人與人之間不再固執己見、相互傷害，仇恨與暴力，都得以體諒和解。

完成上一本著作《心靈影像的力量》，並且成功幫助許多人離苦得樂之後，我更加相信「簡單易懂、輕鬆好學、記憶深刻、可以一再實踐，甚至讓人願意反覆傳授他人」的道理，就是好道理。

「導演症候群」，就是我從無數臨床經驗中鑽研出來，可以改變人生的好道理。你想一探它的奧妙嗎？

理論篇

什麼是導演症候群？

緣起

在醫院辛勞工作二十年之後，我決定做自己想做的事情……於是，回到社區，依照自己的理念，建立了一個溫馨的診所。長年精神醫學以及心理健康領域的生涯與歷練，讓我自信滿滿——認為屬於這個範疇的各種疑難雜症，我都可以從容處理。

直到這天下午所發生的事情，讓我徹底改觀……感冒進入第三天，仍是頭重腳輕，加上上午門診因人數較多而延後結束，我只休息了不到十分鐘，就接著看下午的門診。到四點多時已十分疲憊，我戴著口罩，努力不讓患者與家屬看出自己的倦容。

一位已經持續看診大半年、常常愁容滿面的王先生來回診，我依照慣例，問診、然後開藥。

王先生：「醫生，吃了這個藥會不會讓人想睡覺？」他指的是白天的一顆小藥丸，功能是減輕焦慮；因為劑量輕微，通常不會讓人想睡覺。

我回答：「大多數的人只會有放鬆的感覺，不會想睡覺。」

「醫生，這個藥會不會讓人想睡覺？」王先生又問了一次。

我想剛剛已經回答得很清楚了，所以稍微提高音量：「大多數的人吃了不會想睡覺喔……」

「醫生，這個藥不會讓人想睡覺嗎？」

同樣的問題被問了三次，此時我已經有了些微的不耐：「這個問題應該要問你自己啊……你吃了會想睡覺嗎？」

王先生頓了一下，他的表情，從一貫的愁容滿面，在幾秒鐘之間轉為憤怒與激動！

「醫生開藥可以不用負責任嗎？如果吃了會打瞌睡，開車出車禍怎麼辦？」

我瞬間也被他的情緒劇變嚇到，反射式的火氣陡然而生，回說：「我已經解釋得很清楚了，是你自己沒有仔細聽！我再說一次『大多數人吃了不會想睡覺』……而且，如果擔心開車會打瞌睡，你開車前可以不要吃啊！」

王先生：「我怎麼知道？醫生開的藥我都乖乖按時吃啊！我只是想知道我白天沒精神、想睡覺是藥物造成的，還是自己本身的問題？你是醫生，難道不應該幫我分辨一下嗎？大家都說馬醫師很有耐心，我看根本不是那麼一回事！」

王先生怒氣沖沖地把門一摔，頭也不回地離去，留下錯愕的我。努力撐完漫長的一天三診後，已經進入深夜。我把椅背放低，半坐半躺，一邊休息，一邊琢磨當天下午發生的事情。

沒錯，是我先沒耐性的……但是幫助每一個人脫離病苦，是我最喜歡、也是最有成就感的事情——做自己喜歡的事，為什麼會輕易就發火呢？

也許感冒身體不適、中午沒有充分休息，再加上外面大排長龍，我想加快看診速度，不要讓後面的患者等太久，這些都是相關因素。但，真正的引爆點，似乎不在於此。

再來換到王先生這一邊。過去的印象中，王先生是一位敦厚老實的上班族，為什麼這一次會突然暴跳如雷？

期待＝劇本

每天，我們都靠著心中的「劇本」在過日子。我對於理想中的「看診」有一套劇本，同樣地，王先生對於自己每次「就診」，也有一套理想的劇本。這個劇本，也就是心中的「期待」。

以下是我的劇本：

看診時間緊湊，我希望在最簡短的時間內，提供最優質的醫療服務，所以會字斟句酌，所說的每句話都是量身訂做，十分重要。病患及家屬應該專心聆聽我所說的每一句話，謹記在心並且確實執行，病情才會有最大的改善，尤其候診人數較多時，大家應該共體時艱，不要重複問問題、不要佔用太多時間。

而王先生的劇本是：

好不容易找到一位肯耐心聆聽，又願意細心說明的醫師，他應該從我的話語中，知道我真正想要解決的是什麼問題，也應該給我最好的解答。

結果，我倆都是如此——只要「現實的經驗與心中的劇本有落差」，就會出現失望、焦慮、煩躁、憂鬱，甚至憤怒等負面感受，情緒大受影響。

仔細探究，我發現，好多人不快樂的源頭，竟是如此相似。於是，我深入整理及研究，並將之命名為「導演症候群」（Director Syndrome）。期待經由辨認、理解、接納、調適等過程，讓每個人都有能力，將這個千古以來為人類帶來無數痛苦的心理泥沼，轉化為祥和豐美的心靈花園。

你也「導演症候群」了嗎？

童年時，家住在台北市的植物園附近。有一次，聽街坊大人說：「有人在植物園拍電影耶！」我們這群好奇心特強的調皮孩子，自然不會錯過，也呼朋引伴一同前往。

到了拍片現場，只見簡易的欄杆隔出一個範圍，外面擠滿看熱鬧的人群。工作人員滿頭大汗忙進忙出，演員們則在一旁認真地背誦劇本。只有一位戴著墨鏡、留著絡腮鬍的大叔，大剌剌地坐在一把帆布摺疊椅上，歪著頭若有所思。

即將正式開拍，大家各就各位，墨鏡大叔起身往攝影鏡頭看了又看，神情轉為嚴肅。機器開始運轉，一聲「開麥拉！」演員們認真投入演出，其他人員也無不全神貫注、各盡職守。

正當我們這些旁觀者覺得一切都在順利進行時，只聽到墨鏡大叔大喊一聲「卡！」，一切動作都停止了下來，現場頓時鴉雀無聲……接著，大叔用大聲公氣急敗壞地喊叫，似乎在罵些什麼，之後又催促大家趕緊重新開拍。

整個下午，墨鏡大叔都異常焦躁，只要有任何一點不符合劇情，或沒有達到他心中的標準，大叔就會暴跳如雷，不是吼叫就是命令。這就是我對於「導演」的第一印象。

臨床生涯中，我發現許多人的負面情緒，都是來自於所謂的「不如意」——即「現實未依照心中的劇本演出」。也就是說，許多人的不快樂，來自於總是想指揮生命中人、事、物，不知不覺讓自己成為那個「暴跳如雷的導演」……

另一種情況是，當事人本身的劇本即十分負向。因為種種因素，人們對於這個劇本又愛又恨，緊緊擁抱著這個病態的劇本，甚至終其一生無法解脫。

以上兩種狀態，我都稱之為「導演症候群」。

無所不在的導演症候群

導演症候群這個現象普遍嗎？隨機抽樣十五位各年齡層的門診來賓，看看他們的煩惱是什麼？

案例1

十歲男生，在學校與家庭都有許多行為問題；父母長期感情不睦，目前商談離婚中。

心中劇本 我只要夠叛逆、常出狀況，就可以吸引父母的目光……只要父母團結起來對付我，就可以避免感情破碎，我就拯救了這個家庭！

案例2

十五歲高一女生，因為被編入實驗班，對手強大而成績落入後段，開始出現憂鬱、退縮，甚至拒學……

心中劇本 我這麼認真，犧牲這麼多，每天都讀到三更半夜，上天應該要給我滿意的成績！

案例3

十五歲國中男生，學業與人際上遇到挫折，轉而沉迷手機遊戲。

心中劇本　無論如何，都應該有一個讓我可以發光發熱的舞台！正規舞台沒我的份，退而求其次，虛擬世界也算是我可以揮灑的空間吧！

案例4

十七歲高中女生，因為一些小誤會，閨蜜「已讀不回」，為此心煩意亂，甚至寢食難安，成績也一落千丈。

心中劇本　既然是閨蜜，難道不該相互理解，相互支持嗎？雖然現在只有她不理我，但是她有可能去影響其他人啊！我的日子真的過不下去了……

案例5

十八歲高中男生，有亞斯伯格症傾向，對於生活中難免出現的挫折，例如考試沒有滿分、下課時間打籃球輸了，甚至手機遊戲被打敗，都會大發雷霆，甚至大聲叫罵、扯頭髮、摔東西。

心中劇本

對於我擅長的領域，我只能贏、不能輸！不完美的結果，我無法接受！

案例6

二十二歲女大學生，因為童年時遭受鄰居性侵，長期憂鬱且反覆出現自殘行為……

心中劇本

有這樣不堪的過去、曾經被這樣對待，我還能相信誰？我已經不潔淨了……我的未來怎麼可能會有幸福？

案例7

二十五歲碩士班男生，因為論文進度緩慢而十分沮喪，甚至不敢和指導教授見面。

心中劇本

論文沒進展，指導教授一定會對我嚴厲指責……這樣的狀況如果發

生，我一定會當場崩潰……

案例8

二十九歲竹科工程師，每次在會議前，都會緊張萬分，甚至頻跑廁所。

心中劇本

我天生就是緊張大師，上台報告就是我的罩門……如果報告得不好，或是主管提問我回答不上來，一定會成為同事們的笑柄！

案例9

三十二歲無業男性，強迫症患者，害怕所有定義為「骯髒」的東西，例如：垃圾桶、鞋底、公廁、他人的排泄物或口水、拖把、清潔推車、垃圾車等，每天都要洗手數十次，甚至必須把「被汙染」的衣服、鞋子丟掉才會安心。

心中劇本

所有「骯髒」的東西，要麼會讓我生病、要麼會令我焦慮萬分。與其引發痛苦，不如我花些時間，乖乖「照規矩」把一切做好。

案例10 三十四歲女性，因先生外遇而崩潰。

心中劇本 我的戀愛或是婚姻，都應該是幸福美滿的；我的另一半，心中應該永遠都只有我。

案例11 四十七歲身為律師的職場媽媽，因為青春期的女兒成績不佳且出言頂撞，十分挫折與憤怒！

心中劇本 從小到大一路走來，我的頭腦可以幫助我解決任何難題……親子問題也是如此，用我的方法一定可以解決！

案例12 五十八歲父親，因為子女出國讀書的龐大開銷而倍感壓力。

心中劇本 負責任的好父親，應該毫無怨言地供給孩子最好的，支持孩子出人頭地！

案例13

六十二歲母親，和媳婦關係不佳，要求兒子主持公道！

心中劇本

兒子是我拉拔長大的，理應永遠向著我、永遠都是聽話的好孩子！

案例14

六十四歲男性，自從六十歲從公職退休後，整天窩在家中，看電視、嗑瓜子，成為「高齡宅男」……與每天忙著做志工、上社區大學、探望親友的太太，成為明顯的對比。

心中劇本

多年的辛勞，真的把我累壞了……加上健康與體力下降，我這把年紀，還能有什麼作為？

案例15

六十七歲母親，兒子三十多歲了還孤家寡人，整天上網……擔心兒子變成宅男，以後會孤獨終老！

心中劇本

我這麼辛苦一輩子，就是希望看到孩子認真打拚、成家立業……這

樣他會幸福，也可以讓我含飴弄孫。

案例16

七十八歲失智症初期的老太太，老是覺得先生外遇。

心中劇本

這個死鬼年輕時曾經外遇過……狗改不了吃屎！這種事情永遠都有可能再發生！

是不是案例中的每個人，都依循著相似度驚人的模式，讓自己變得不快樂？有的時候是劇本過於理想，有的時候卻是劇本本身就很糟糕，有時候劇本沒有大問題，是個人對於劇本及現實間的落差過度解讀。

須注意的是，所謂「心中的劇本」，有可能是「意識」的，也有可能是「潛意識」的。也就是說，有可能自己心知肚明，也有可能自己毫無知覺。

而與這個劇本對照的，可能是過去的事（如：童年的創傷）、目前的困境（如：被同學排擠），也可能是對未來的焦慮（如：想到可能考不好而緊張）。

在你閱讀的此刻，無所不在的導演症候群，也許也在默默運作喔！眼尖的讀者，是否發現我開頭說要舉十五個案例，後來卻列出了十六個？

如果你的想法是：「這本書的編輯與校對真是不嚴謹，這麼明顯的錯誤都沒有發現！」

「嗶——」對不起，你的「導演症候群警示燈」也亮了喔！

如果你的想法是：「作者說要舉十五個案例，結果列了十六個……Ya！我賺到了！」

「恭喜你！」你擁有自由正向的心靈！

測試自己是否有導演症候群？

親愛的讀者，你想知道自己是否有導演症候群嗎？拿出鉛筆，做個簡單的測驗，就可以一窺端倪喔！

如果以下描述符合你的現況，請用鉛筆打勾：

1. □我常常覺得自己不如其他人。

2. □過去的事情對我產生的傷害，永遠無法改變。

3. □我常常令自己或其他人失望。

4. □如果身邊的人有不好的表現（如：不遵守交通規則），我會十分生氣／失望。

5. □我的不快樂，許多是導因於身邊的人、事、物。

6. □目前的政治（或經濟、環境），令我無法忍受。

7. □如果人生的發展不如我的預期，我會很沮喪。

8. □對於即將發生的事情（如：明天的會議報告），我常常沒有信心。

9. □我覺得許多事情，包括我自己，都只能維持現狀，甚至傾向於越來越差，沒有可能越來越好。

10. □這個世界充滿不公不義，而我覺得自己沒有能力改變些什麼。

打勾的項目越多，代表你越有可能已經掉入導演症候群的泥沼之中了！參考認知心理學之父貝克（Aaron T. Beck）的認知三元（cognitive triad）觀點：

1到3題，代表對於「自己」的導演症候群。
4到6題，代表對於「世界」的導演症候群。
7到9題，代表對於「未來」的導演症候群。
第10題，代表對於自己、世界以及未來「綜合」的導演症候群。

辨別身邊的導演症候群

如果你在身邊聽到下面這些話，代表導演症候群出現了。

- 「你太讓我失望了！」
- 「如果你真的愛我，你就會……」
- 「你怎麼可以做這種事情？」
- 「我也是為了你好……以後你就會知道了！」
- 「你再這樣下去，一定會……」
- 「你應該／必須／一定要……」

- 「我警告你，不要再……」
- 「我無能為力！」
- 「我也是身不由己！」
- 「我還能怎麼辦？」
- 「我的命怎麼這麼苦……」
- 「都是你害的……」
- 「慘了，他一定會……」
- 「你應該要懂我的苦衷……」
- 「這樣是不對的！」
- 「你就是粗心大意／懶惰／不用心！」
- 「他憑什麼！」
- 「這不公平！」
- 「這種想法太可怕了！」
- 「這個世界為什麼充滿笨蛋／懶人／壞人！」

是不是常常聽到這樣的話呢？甚至，它有可能就是你身邊的人的慣用語，也代表這就是他根深蒂固的思維模式。不令人意外，負面的言語中，確實常常充滿導演症候群的影子。但奇特的是，立場正確、光明正向的言語中，也有可能有導演症候群在作祟喔。

- 「我一定可以的！」
- 「只要夠努力，一定會成功！」
- 「沒有什麼可以難得倒我！」
- 「沒問題，事情一定會好轉的！」
- 「好心會有好報的！」
- 「持續去做，就會看到結果！」
- 「皇天不負苦心人！」
- 「每個人都應該多為他人著想。」

這些言語看似正向積極，卻有可能給自己或聽話的當事人帶來不必要的壓力與期望，導致如果事與願違時，就會情緒崩潰。即使一切順利時，仍有可能擔心幸福稍縱即逝，患得患失、如履薄冰，逼得自己焦慮不安，甚至身心失調。

這也可以說明，為何在各個社經階層與教育程度中，憂鬱症的盛行率並沒有顯著的差異。研究統計顯示，大家公認的人生勝利組，即美國哈佛等名校大學生中，有將近一半的人，過去一年中曾經歷無法負荷的憂鬱症狀。看來，無所不在的導演症候群，正在持續對全人類施展「無差別攻擊」，這實在令人心驚啊！

導演症候群有哪些形式？

依照劇本、現實及對於劇本與現實之間落差的解讀，可以區分出三種導演症候群。

狀況1

心中有一套既定的「理想劇本」↓現實與此一劇本出現落差↓不快樂。

狀況2

心中有一套既定的「負面劇本」↓劇本本身讓人不自由、憂慮、自卑，甚至自我束縛。

狀況3 劇本OK，現實也OK，但是在現實與劇本難免出現落差時，總是負面解讀，甚至過度反應！

詳細說明如下：

劇本是豐滿的、現實是骨感的：「劇實落差型」導演症候群

對於自己在意的人、事、物甚或是自己本身，有好幾套既定的、理想的，甚至過度美化、過度偏執的劇本。不斷將現實與劇本做對照……如果有落差，即出現負面想法與負面情緒。這是最典型的導演症候群形式。

我是苦情戲主角：「不良劇本型」導演症候群

主要問題來自於心中那套負向的劇本，讓自己焦慮、憂鬱、缺乏自信，甚至自我設限、自怨自憐。而這套負向的劇本，通常源自負面的人生經驗，例如：家暴、性侵、霸凌等創傷；或是自身特殊的反應模式，例如：社交技巧不佳，導致對於人際互動特別沒有安全感。

無法接受與欣賞人生的波折：「錯誤解讀型」導演症候群

劇本大致合理，但是當難免發生的波折出現時，就會過度聯想、無限放大，甚至總是負面解讀，以致於引發不必要的身心痛苦。即一旦跨越舒適圈、超出經驗範圍，一律都以負向訊息處理。

圖表1：三種不同形式的導演症候群說明及案例。

類別	劇本特質	解釋	例子
劇實落差型	過度理想	劇本與現實間的落差，造成煩惱與負面情緒	劇本：家庭應該是充滿愛的地方。 現實：父親對我家暴，母親冷漠以對。 結果：這個世界沒有人可以信任。憂鬱、孤獨、麻木。 劇本：政府應該要照顧好人民。 現實：我家因為是違章建築，被公家機關拆了。 結果：覺得世界充滿不公不義。暴怒、自怨自憐、憤世嫉俗。
不良劇本型	過度負向	心中的不良劇本，導致煩惱與負面情緒	人生早年遭受如家暴、性侵、霸凌等負面經驗，在心中種下根深蒂固的負向劇本。劇本本身即讓人自卑、沮喪。 對自己沒自信，對於上台報告，心中都是「結巴、忘詞、緊張到失控」的劇本。劇本本身讓人更焦慮、更想逃避。 對於萬一先生離我而去，心中只有：「我必定走投無路」的劇本。劇本本身讓人更憂鬱、更自我設限。
錯誤解讀型	大致合理	難免出現不如意或挫折時，就會放大或負面解讀	知道遊戲或競賽本身就是有輸有贏，但不認為贏了固然可喜，輸了也可以學到很多……對於失敗只有「我很沒用！」、「對手真可惡！」這樣的負面解讀。 「如果大家認同我，應該會對我的報告發出讚美或是露出滿意的笑容……」結果是：「報告中我觀察到有幾位同仁及主管面無表情，甚至似乎在搖頭……完蛋了！他們一定不喜歡我的簡報！」

導演症候群的心理機轉

既然痛苦萬分，為什麼無法放下導演身份？

醫師：「你最害怕的是什麼？」

一位極度怕髒、不斷洗手的強迫症患者：「我最害怕生病或是死亡！」

醫師：「如果生病或死亡已經發生了，你最害怕的是什麼？」

強迫症患者：「我害怕拖累家人！」

醫師：「如果拖累家人已經發生了，你最害怕的是什麼？」

強迫症患者：「其實我害怕的是來自父母的指責！」

醫師：「如果父母已經指責你了，你最害怕的是什麼？」

強迫症患者：「我最害怕的，是不受尊重。」

醫師：「如果大家都不尊重你，你最害怕的是什麼？」

強迫症患者：「我害怕一切會失控……」

醫師：「如果一切都失控了，你最害怕的是什麼？」

強迫症患者：「我……害怕無法掌握自己的人生……」

這是我很喜歡的「if...then」練習，在不斷打破砂鍋問到底式的提問後，你會發現，人們的終極恐懼，總是落在固定的幾件事情。你有沒有想過，人們最深沉的恐懼是什麼？表現不佳？陌生的事物？病痛？空虛寂寞？鬼怪？死亡？

其實，最常見的恐懼前幾名，一定包含失去「掌控感」！導演的身份，讓人們有天然的「掌控感」。一旦坐上了導演椅，無論如何，都不願意再離開。但是，我們不知道的是，這種掌控感，其實只是一種錯覺。

全能的錯覺

精神分析與客體關係學派心理學家，發現在八個月前甚至半歲前的嬰兒時期，每個人都曾經歷「全能的錯覺」（illusion of omnipotence）。

你可以想像，小嬰兒出生後，肚子餓了，「哇——哇——哇——」哭幾聲，就會有一個充滿甜美乳汁的乳頭或奶嘴送到口中。大小便完，下身濕冷黏膩不舒服，又是「哇——哇——哇——」哭幾聲，就有專人負責清理乾淨。

不論是渴了、餓了、冷了、熱了，哪裡不舒服甚至只是想要擁抱，都會有人（通常是母親）立即滿足。所以，這個時期的嬰兒，很自然會產生一種自己可以操縱世界、世界是繞著自己而轉的錯覺。

但是，隨著慢慢認清現實，發現周遭的人都比自己厲害，也不見得總是會聽從命令；同時領悟到這個世界的物理、化學現象自有一套規律，不會依照自己的意願運作；尤其是在學習走路、說話、照顧自己，以及與他人互動的過程中吃盡苦頭後，孩子終究會認清——「世界是世界，我是我，世界不會依照我的意思運轉！」

在挫折的打磨下，我們終於接受現實，與一切不順己意的人事物和解，逐步發展出良好的適應能力與成熟性格。所謂「幻滅是成長的開始」，就是這個過程最佳的詮釋。

但是有許多人，也許是成長過程中受到過度保護、可以對父母予取予求，或是個性特別執著與堅持、不達目的決不罷休……長期下來，導致無法順利放下全能的錯覺，反而變本加厲，覺得周遭的人、事、物都必須按自己的意志運作。即「我有一套劇本，你們都必須照這套劇本演出！」如果現實世界不照這套劇本演出呢？憂鬱、焦慮、憤怒、攻擊對方甚至攻擊自己，都有可能發生。

極端的例子，例如：

「我有認真讀書了，為什麼成績還是不好？這些以後根本用不到，乾脆不要讀！」

「我愛你，你也必須愛我……如果你不接受我的愛，我就毀了你！」

「為什麼這麼多事情不順利？這個爛世界都不聽我的，我不如自殺好了！」

心理學家解釋，每個人除了肉眼可以看得到的身體以外，還有一個不為人知的「能量體」。在成長的過程中，能量體會向外伸展、擴張，如果這個伸展與擴張獲得外界善意、正向的回應，就會歡喜並且得到滋長。

相對的，如果向外伸展的能量體遭遇到負向的對待，例如打擊或是忽略，它會因痛苦萬分而變質……要麼萎縮回自身，再也不願向外探索（例如：足不出戶的宅男宅女）；要麼就是在痛苦的抽動中，攻擊外界或是攻擊自己（如傷害伴侶或是傷害自己的恐怖情人）。

最生動的比喻，就是一隻對世界充滿好奇的八爪章魚，滿心期待地伸出觸手時，如果你用針刺牠、用電電牠或是毫不理睬，這隻章魚要不因挫折而縮回洞中，要不憤怒報復，甚至會在激動中傷害自己、扯斷自己的觸手！

正本清源，如果人們能早早認清「自己並非全能，世界也不會總是聽我們的」，並採用順應、有效、有彈性的方法與身邊的人、事、物互動——人人都可以是一隻順利成長、強壯又有智慧的快樂章魚！

自動化思考

認知心理學家認為，許多心理問題，都是扭曲或是原始的自動化思考（automatic thoughts）所造成。例如：在聊天時，對方皺了一下眉頭，當事人就覺得對方是不是「不喜歡自己」；一次考試考差了，就覺得自己是一個「沒有天賦的人」！

很多人認為，是事件引發情緒。事實上，事件與情緒之間，還有一個更重要的變數，即「信念」：

事件→信念→情緒

例如同樣遭遇失業（事件），很多人覺得難過（情緒），因為他的信念是「失業代表我是一個失敗者」。但是面對失業，卻也有人是可以樂觀以對（情緒），因為他的信念是「工作告一段落代表可以好好休息；同時我也自由了，終於有機會追尋自己想要的人生！」。

所以說，決定你心情的，不是事情，而是自己的「信念」。一千九百年前，希臘哲學家愛比克泰德（Epictetus）即說過：「讓人們困擾的不是事情本身，而是自己對於事情的觀點。」

這個信念，可以視為一種根深蒂固、自己卻不易察覺的「自動化思考」。自動化思考常常來自於早年的自身經驗，以及觀察與認同其他人（如父母、同儕、媒體偶像等）之結果。

認知心理學之父貝克，歸納出八種常見的扭曲信念，包含非黑即白（dichotomous thinking）、過度類化（overgeneralization）、斷章取義（selective abstraction）、誇大與貶低（magnification & minimization）、應該與必須（shoulds & musts）、標籤化與錯誤標籤（labeling & mislabeling）、個人化（personalization）、與武斷推論（arbitrary inference）。你會發現，很驚人地，這八種扭曲信念，竟然都有導演症候群的影子：

一、非黑即白：我只接受最OK的劇本，如果沒辦法實現，那就只剩最糟糕的劇本——沒有中間的劇本可言。例如：我的男友應該對我全然專一，如果他偷看別的女生，就代表他根本不愛我。

二、過度類化：我只要幾個證據，就可以編寫出我的劇本。例如：我小時候曾經順手牽羊以及破壞學校公物，所以我的人生劇本是：我是一個卑劣的人，常做損人利己的事，未來也必將如此。

三、斷章取義：現實中有幾個點不符合我的劇本，所以我是失敗的。例如：一位護士覺得：「這個月我有三次沒有打上點滴，讓病人多受了皮肉之苦，所以我應該不適合這一行吧。」

四、誇大與貶低：過度渲染與過度淡化的劇本。

「過度渲染」：剛剛情況緊急，我沒有事先消毒就坐上公廁的馬桶。完了，我一定會被傳染疾病。

「過度淡化」：雖然我常常打孩子、罵孩子，但孩子一定可以體會我的苦心，他們的人生不會受到影響的。

五、應該與必須：我的劇本，必須依循一套價值觀或遊戲規則。例如我「必須」每次都考第一名、上台領獎。我是一個隨和的人，「應該」隨時笑臉迎人。

六、**標籤化與錯誤標籤**：喜歡對人、事、物、尤其自己貼標籤，例如：在家庭的劇本中，我應該是一個「模範爸爸」；但是這半年來我都沒應徵到工作，原來我在人群中其實是屬於「魯蛇」這種角色啊！

七、**個人化**：人生的劇本我是主角，所以所有的事情應該都和我有關。例如嚴重憂鬱症合併妄想的患者：「都是我的錯……上天為了懲罰我，引發大地震，害到無辜的人……」

八、**武斷推論**：各種劇本都導向類似的、負面的結局。例如：出門看到下雨，心中的OS：「看吧！我就說自己帶衰吧！」

精神分析與認知行為兩大陣營的心理理論，都與導演症候群在許多方面若合符節，至於其他學派呢？

各大學派與導演症候群的關係

阿德勒心理治療（Adlerian Psychotherapy）：

這是近年來頗為盛行的心理學派，又稱個體心理學（Individual Psychology），主張每個人都有自我抉擇的能力；人生的議題在於克服自卑，追求超越。而真正的「超越」，並不是我們所想像的贏過別人，而是取決於個人對於社會的參與及貢獻。

一、阿德勒主張，所有的煩惱，都來自於「人際關係」。所以「課題分離」，是極為重要的功課。不要介入別人的課題；如果別人介入你的課題，也儘量不要受到影響。

課題不分的問題，最常發生在親子關係及親密關係中。為了孩子好，父母總是喜歡為孩子規劃人生。親密關係中，你是不是不斷期望對方成為自己想要的樣子？動不動就介入別人的議題、強加自己的意願在別人身上，是一種粗暴又有傷害性的行為。《被討厭的勇氣》一書中形容得很貼切：就像穿著沾滿泥巴的鞋，踏入別人家中。這與導演症候群所主張「不要把自己的劇本，強加在孩子或是其他人身上」十分一致。

二、許多人對於現在的我不滿意，而且覺得都是過去塑造出現在的我。但阿德勒卻說「你的現在，決定了過去」，乍聽之下確實讓人難以理解。

已經發生的事情，確實無法改變；但每個人其實都擁有對於過去的事如何「詮釋」的權力。過去的事無法影響現在的你，是「你對於它的詮釋」影響你現在的感受。更進一步來說，你現在活得如何，更可以決定你如何詮釋過去的事件。

例如：小時候家境貧窮，債主常常上門逼迫羞辱——有人會解釋為：「我的身世背景這麼差，人生還有什麼指望？」但有人會解釋為：「家境貧困，讓我更加自我要求，立志以一己之力，改變家族的命運。」對於同樣的事件，不一樣的詮釋，帶來截然不同的感受。

場景換到現在，如果這個小時候家境貧困的人目前過得十分不如意，他會說：「看吧！我那個糟糕的家庭，害我永世無法翻身了。」相反的，如果他真的力爭上游，成為事業有成的人，他會逢人就這麼說：「英雄不論出生低……家庭困難，讓我養成吃苦耐勞的習慣，也成為我不斷向前的動力。」

同樣的「家境困苦」，前者將之視為自卑、自憐的源頭，是心中永遠的痛；後者卻把它變成積極態度的淬鍊場，更是奮發向上源源不絕的火箭燃料。看吧，真實世界是不是如同阿德勒所說的「你的現在，決定了過去」，這也呼應了導演症候群所強調的——**揮別過去負面劇本的影響，放下、改寫，甚至超越，你就會成為人生真正的主人。**

三、在人與人的互動中，阿德勒主張真正的「尊重」與「信任」。如實地接受他人，了解每個人都是獨一無二的存在。每個人都是以自己對世界的理解辛苦生存，他會有現今的樣貌，皆有其前因後果。因為你的尊重與信任，對方才有可能改變。也就是說，改變對方的，是你這個「人」，而不是你所強加的價值、觀點或是你的威迫利誘。

在導演症候群中，導演是帶著「有色的眼鏡」去看每個人，評估「這個人是否可以在我的劇本中扮演一個稱職的角色」。如果不是，要麼鄙視、疏遠，要麼利用軟硬手段，讓對方改變成劇本所需的樣子。喜歡擔任導演，老是霸佔導演椅，就無法對他人實現真正的尊重與信任，自然容易導致親密關係與人際互動上的大失敗。這在親子、夫妻、師生、職場等關係上，屢見不鮮。

存在／人本治療（Existential Therapy/Humanistic Psychology）

存在主義認為，在每個人都會死亡的前提下，人生本無意義，如果會有意義，來自於自己所賦予。而這個意義，從來都不是固定的。這和導演症候群「丟掉劇本、擁抱自由」的宗旨不謀而合。

人本主義主張人性向善，在「接納」的態度下，每個人自然而然就會向著「自我實現」邁進，而所謂「接納」，也就代表不要拿自己的劇本，強加在任何人身上。

焦點解決短期治療（Solution-focused Brief Therapy）

當事人陷在過去與現在的「問題」之中，而不是投注時間精力於「解決」之中。也就是說，人們卡在自己的「不良劇本」，或理想劇本與現實之間的「落差」之中。解決之道，在於接受各種過去未曾發掘的可能；這與接受各種劇本、調理劇本與現實間的落差，甚至出奇制勝超越既定的劇本，有異曲同工之妙。

焦點解決短期治療的核心技巧之一，稱作「奇蹟問句」，即想像問題已經解決了，會有什麼不同？而這一切是如何發生的？例如：「如果半年後你順利減重十五公斤，有一位大導演偷偷將整個過程拍攝成一個感人肺腑、激勵人心的紀錄片，你會在其中看到哪些內容？」

許多身陷問題無法自拔的人，常是因為過去根深蒂固的經驗影響，無意識間不斷採用同樣的想法與同樣的做法，導致改變無從發生。奇蹟問句鬆活人們的大腦，鼓勵以創意跳脫既往的窠臼——等於是拋棄既有的、無用的劇本，重新擬定一個新穎、可行、令人熱血沸騰、迫不及待投入的新劇本。於是，改變就真的如同奇蹟一般發生了！

敘事治療（Narrative Therapy）

敘事治療最重要的技巧之一，即為「外化」：讓人不會被問題包住，進而不再認定自己本身就是問題。外化技巧將「問題」與「人」分開，即「人沒有問題，問題才是問題。」更進一步詮釋，「人沒有問題（所有人的問題都可以視為個人的獨特性），問題也沒有問題（人生在世不如意總是會不斷發生），而是人與問題之間的『互動』出了問題（你如何譜寫自己與問題之間的『故事』，才是決定一切的重點）。」

敘事治療的核心：「故事」，就可以說是每個人的「劇本」，當事人兼具編劇、導演與演員的角色。藉由重新述說一個脫離強勢主流、屬於自己的、獨一無二的故事，可以達到療癒的功效。

正向心理學（Positive Psychology）

正向心理學是一門研究個人與群體如何更快樂、生命如何更豐盛的科學。其重要理論依據之一「擴展與建構理論」（Broaden and Build Model）認為，正向的情緒會讓人不斷擴展視野，鼓勵嶄新與多樣的想法與行為。持續下去，就可以讓人得到更多的技能與資源，也更容易克服壓力與困境，讓人生豐盛精彩。例如對於其他人的興趣，引導人們成為心理學家；對於表現自我的欲望，讓人們成為藝術家或明星；對於體育的喜愛，讓人成為運動員，或是交到更多朋友。

相反的，負面情緒會讓人的視野與動機都限縮，聚焦在困境與壓力，引發更多負面情緒。例如焦慮的人，只想到逃避壓力源；曾經歷創傷的人，覺得自己的未來已經沒有任何希望等。

擴展與建構理論，與導演症候群的理念十分貼切……鼓勵丟掉既定的劇本（尤其是負面的劇本），擴展眼界，嘗試各種可能。

正念療法（Mindfulness）

正念類似禪宗，是一種「活在當下的藝術」。人們大多數的煩惱，都來自於過去與未來——明明辛苦了一個上午，可以好好享受美味的中餐時，你的大腦是如何運作的？

沒錯，大多人都是一邊吃著東西，一邊思索甚至懊悔已經發生的事，或是計畫甚至擔心未來將要發生的事。所以兩千五百年前孔子就說過：「人莫不食，鮮能知味……」

古今中外每個人，每天都會吃飯；但是，很少有人能夠真真切切地享受眼前的食物。事實上，放眼整個人生，你唯一可以掌握的，只有當下！**拋下過去與未來，活在每一個當下，你就是生命的主宰。**

正念的核心價值，與導演症候群非常一致——所有的劇本，不論好壞，都會讓人無意間越來越活在過去與未來之中，成為「顛倒妄想」的奴隸，無法真正自由。拋棄劇本、超越劇本，可以讓人回歸平靜祥和，活出真正的自我。

導演症候群的生理機轉

我們都有一個用進廢退的大腦

要解釋導演症候群的生理機轉，必須先認識我們的大腦是如何運作的。從小到大，我們逐步學習並建立了許多技能與思維模式。這些技能與思維模式，例如游泳、鋼琴、演講、幾何學等，都可以想像成是一個又一個的大腦迴路。越是熟練的技能與思維，就有越多的神經纖維參與，與其他神經細胞的接點也越多，也就是說這個迴路會變得越來越粗壯。例如練習開車一段時間後，隨著腦中的「開車迴路」變得粗壯與發達，一切反應都會更快捷，也會更自動化。這對於人類的物種生存與適應能力提升，佔有極重要的地位。

試想，一個石器時代的工匠，他製作第一百個石斧時，如果還要仔細思索每個步驟、揣摩打磨石塊時手部的姿勢與力道——這個工匠將會面臨多麼大的困境。相對的，用訓練好的本能與直覺來過日子，可說是一種最省能、最高效的生存策略。

但是，顱骨是硬邦邦的，所以腦殼內只有固定的空間。再加上，循環與營養等資源也是有限的。因此，每當一個迴路變粗壯並且佔據更多空間、使用更多能量後，就必須有迴路萎縮，甚至凋零，以便讓出寶貴的空間與資源。

什麼樣的迴路會被犧牲掉呢？「最少用」的神經細胞，因為爭取不到營養，所以其迴路只能退化甚至死亡。腦科學上，此一過程稱為「突觸修剪」（synaptic pruning）。

結論就是，每個人都有一個「用進廢退」的大腦。在我們活著的每一天，大腦都在改變；不是往好的方向改變，也不是往壞的方向改變，而是往你「最常使用的方向」改變。學術上，稱之為大腦的「神經可塑性」（neuroplasticity）。

雪上加霜的是，在壓力、焦慮、憂鬱等負向情緒下，身體分泌的壓力荷爾蒙，也可以讓腦細胞萎縮甚至死亡。如果你是腦細胞，你會活得戰戰兢兢；因為，如果主人沒有常常重用你，加上處在一個高壓的環境下，你隨時有可能被限縮能力甚至判處死刑。

腦細胞可以再生

過去一度認為，發育成熟後，我們的腦細胞就只會越來越少，無法新生。所以，人人都要保護好自己的大腦。

近年來的研究則令人驚喜地發現，即使是成年之後，神經細胞也是會再生的。潛藏在腦中的神經幹細胞，會在特殊條件下成長、分化為新的神經元細胞或神經膠質細胞，這叫做神經新生（neurogenesis）。這樣的神經新生，大多發生在海馬迴之中，與人們的記憶、情緒與行為模式有密切關係。運動、學習新事物、優質的睡眠、美好的愛情、特殊的營養，甚至適度的斷食，都可以促進神經新生。

特別的是，抗憂鬱藥物與第二代抗精神病藥物，也有促進神經新生的效果。這可以解釋過去連精神藥理學者都無法回答的問題：「為什麼抗憂鬱藥物及抗精神病藥物，都要花費二到四週，才會出現完整的功效？」

原來，這些藥物，真的有「滋養大腦」的效果。持續使用下，透過促進神經滋長，大腦的功能得以提升，原來的憂鬱症、思覺失調症等疾病，也得以逐步改善。其中，一個十分重要的關鍵，也許就是在正確藥物的協助下，藉由「神經可塑性」與「神經新生」，讓我們的學習能力提升、思考變多元，就不會固守於過去讓自己痛苦的思維模式了。

例如，下雨天對於許多憂鬱症患者來說，就是一個溼答答、陰沉沉、不舒服且做什麼都不方便的「壞天氣」。這是他原本根深蒂固的劇本，導致只要一到下雨天，心情就會跌落到谷底。藉由運動、學習、營養，甚至適當使用抗憂鬱藥物，可以提升大腦的「神經可塑性」與「神經新生」，大腦迴路變得活潑多元……再次看到下雨天時，也許他就會冒出許多嶄新的念頭：

「多下些雨，水庫就不會缺水了。」

「下場大雨，空氣中的 PM2.5 就可以被清洗乾淨。趁著空氣好，晚上雨停後不妨去夜跑一下。」

「下過雨的午後，氣溫清涼了不少，令人暑氣全消呢！」

「心儀的對象好像沒有帶傘，下班時就是我可以獻殷勤的好機會喔。」

「阿公在山上種果樹，好一陣子沒下雨了，這場及時雨，對阿公來說太重要了。」

「城市裡的河川都已經被汙染了，只要常下雨，河流就可以有清淨的活水灌注。有了乾淨的水，河中的魚蝦就能夠生生不息。想到魚蝦變得開心，我的心情也跟著好起來了呢！」（註：心理學上稱為「同理心」。人類最直覺的想法大多是關於自己，同理心則是設身處地的關注別人或別的生命。同理心也是大腦健全時，才會充分表現的功能。）

你看，快樂是不是就藏在「豐富的神經迴路」，也就是「多元的思考模式」中。藉由以上的研究基礎，我們可以勾勒出導演症候群的腦科學機轉：

一、思維模式固著，堅持「單一劇本」的人，大腦最常運行的這套思維模式迴路，會越來越粗壯與強大。其他曇花一現的思維模式迴路，則會弱化甚至消失。而強壯的迴路，會像是一個黑洞，把所有的思緒都吸引過去！結果就是——越常想的想法會越固著，也更無法接受其他的可能性。

例如老菸槍的大腦中，抽菸的迴路在多年鍛鍊下，變得十分強大；結果就是，心情好也想抽、心情不好也想抽、疲累時想抽、興奮時更想抽。一天之中大多數的思緒，都會導向「抽菸」這件事。

你一定有這樣的經驗，好朋友失戀了，你去安慰他。剛坐下來，他就訴說著：「我覺得自己好失敗……」你使盡渾身解數，安慰他一個晚上。到了要離開的時候，你問朋友有沒有好一些，他卻說：「感謝你來陪我，但是我還覺得自己好失敗……」

是不是很令人吐血？但是沒辦法，因為失戀後「我覺得自己好失敗」這個想法在他的大腦中盤旋了千萬遍，早已成為一個強壯的迴路。他不是沒有其他正向思考，不是沒有其他選擇，但是因為「我覺得自己好失敗」這個迴路太強大，所以思緒總是會被吸引過去，不容易跳脫。

二、先天的腦神經功能失調，或是後天的疾病、壓力、心理創傷、腦傷等因素影響，讓人們腦中多數迴路發展不佳或受損弱化，其他少數幾個神經迴路卻相對發達，反覆執行這些迴路，又會進一步強化其功能，把所有的思緒引導過去。例如亞斯伯格症患者特別固著於自己的喜好與生活習慣、強迫症患者極度怕髒、思覺失調症患者老是覺得有人要迫害自己、縈繞在憂鬱症患者腦中的負向思考、性侵被害人特別自卑、害怕黑暗。

「強大的迴路」等於「固定的劇本」，令人無法「想到」、「接受」其他劇情發展的可能。或是當事實與腦海中過度理想的劇本不合時，就會出現極大的焦慮、憂鬱或是憤怒。

相對的，迴路豐富、柔軟、蓬勃、有彈性的大腦，讓人習慣用多元觀點思考、可以接納各種可能性，並且有信心應變所有出乎意料的狀況。想像一下，這是多麼高效、健康、幸福、愜意的超級電腦啊！是時候該「鬆動」你的大腦了。

各類身心疾病與導演症候群的關係

先為大家科普一下。你知道，精神疾病真正的病因是什麼嗎？一般大眾常會有將精神疾病「單一歸因」的傾向，例如：大二時失戀受到刺激，之後就出現憂鬱症，或是小時候從鞦韆上掉下來摔到腦袋，所以現在常常自言自語等。其實，大多數的精神疾病，都是「多重因素」綜合影響下的結果。這些原因，可以歸類為生理、心理與社會三大因素。

生理因素：基因、體質、先天及後天發育、營養狀況、疾病、腦部傷害、物質（如酒精、毒品）使用等。

心理因素：個人心智發展、父母教養方式、社交互動、創傷、重大事件等。

社會因素：家族環境、學校環境、社區環境、風俗文化、經濟景氣、醫療與衛生水準、社會福利等。

通常，越嚴重的疾病，生理因素的比重越大，例如自閉症、思覺失調症、躁鬱症等。而較輕的疾病，心理／社會因素的影響則較多，例如輕度憂鬱症、恐慌症、各類壓力反應等。

因應生理／心理／社會三方面的病因，有效的治療也須生理／心理／社會三管齊下。例如思覺失調症需要生理方面的藥物治療，加上各類心理治療與衛生教育，同時須改善家庭環境，提供社區復健計畫等。只要當事人動機充足，願意及早接受生理／心理／社會三方面的專業協助，大多數精神疾病都可以改善甚至痊癒。所以說，生在醫療技術發達與衛生資源普及的現代，千萬不要再諱疾忌醫，甚或迷信偏方與鬼神之說，延誤治療的黃金時機。

前面說過，導演症候群的劇本，可能存在於自己可以察覺的「意識」層次，也可能存在於自己無法察覺的「潛意識」層次。

大體而言，越嚴重的狀態，如思覺失調症、妄想症、較嚴重的強迫症、慮病症、早年創傷等，劇本通常在潛意識之中，當事人較不知道自己為何如此，甚至對於自己的心理失調渾然不覺，而覺得是外在人、事、物的影響，甚至只認為是自己的自律神經出了問題。

在各類身心疾病中，「導演症候群」雖然大多不是主因，但是卻常常扮演一個舉足輕重的關鍵角色，以下一一解析：

思覺失調症、妄想症

思覺失調症是精神科最折磨人的疾病之一，佔住院病患一半以上，以幻覺、妄想、言語與行為異常為主要症狀，屬慢性病，長期下來常會導致整體功能的退化。

我一直相信，現今的「思覺失調症」是由三種本質不同的疾病所構成。其一是以「妄想」為原發症狀，第二種是以「幻聽」為原發症狀，第三種則是以「思考混亂及退化」為主要症狀。

「妄想型思覺失調症」與另一類疾病：「妄想症」，其核心問題都是一個「明顯錯誤卻深信不疑的信念」；這個信念，常是以自己為中心，過度凸顯自己的重要性，例如：隔壁鄰居要害我、國安局在監視我、我周遭的人都有讀心術，可以知道我在想什麼、我的先生不斷外遇傷害我等。看出來了嗎？這是不是十分像是集編、導、演於一身，以自己為悲劇英雄主角的導演症候群？

憂鬱症、創傷

在憂鬱症或是創傷的影響下，我的人生變成一場悲劇，沒有人可以幫助我，未來毫無希望，過去所做的一切也毫無價值。

小說《哈利波特》作者JK·羅琳（J.K. Rowling）對於「催狂魔」（dementor）的描述，可說是為憂鬱與創傷做出最生動、最沉重的註解：

催狂魔身形高大，全身披著黑色的斗篷，周身籠罩潮濕、寒冷的氣息，看不清楚面容。當他無聲無息地接近你時，會張開黑乎乎的大嘴，悄悄吸去你的快樂、生命力，甚至靈魂。所遺留下來的、你唯一還可以體驗的，只剩悲傷、孤寂、懊悔，與無盡的痛苦……

躁鬱症

處在躁期時，整個人的能量大增，話多、計畫多、活動量大，彷彿自己成為電影中的主角，無事不知、無所不能，所有願望都會依著自己的劇本實現！

進入鬱期後，舞台的燈光似乎黯淡了下來，所有的能量又被抽乾，自己成為沒油的汽車、缺電的手機，所有能力與自信大打折扣。

各類焦慮症

依據自己所焦慮、害怕的領域，有各式不同的劇本。不明就裡的外人，常會覺得當事人小題大作。

恐慌症：我的自律神經隨時都有可能失去平衡，讓我痛苦萬分。

廣泛性焦慮症：這個世界充滿危機，隨時可能發生出乎意料、我無法承受的事。

畏懼症：我對於坐飛機（或密閉空間、高處、上台發言、蜘蛛等），完全沒有招架之力。

強迫症：細菌、病毒、掉東西、忘記鎖門、忘記關水、意外的事……會讓我抓狂、疲於奔命，甚至毀了我的人生。

慮病症與體化症

慮病症：過分擔心身體狀況，老是覺得體內潛藏了一個健康上的大問題，心中的劇本常常都是：「這個不舒服又來了……我一定罹患了一個極為嚴重的疾病，再不及早治療，人生一切都會毀了……醫生為什麼都沒辦法檢查出來呢？」

體化症：心理因素導致諸多身體不適，但是檢查結果又多為正常，常被外人視為無病呻吟。意識或潛意識中的劇本：「我沒有什麼壓力，心理狀況也還好……是這些病痛讓我無法好好過日子！」

自我傷害

自我傷害可能是由於某種精神疾病所引發，例如憂鬱症、人格障礙（如最常見的邊緣型人格異常）、物質濫用併發症等。或是如同《割腕的誘惑》作者史帝芬·雷文克隆（Steven Levenkron）所主張的，某些自我傷害應該歸屬於一種獨立的精神疾病。

自我傷害的人，意識、潛意識中可能有幾種不同的劇情版本：

一、我無法對抗、懲罰你們與這個世界，我唯一可以自由處置的，就剩我自己。

二、身體的痛苦，是轉移心理痛苦最好的方法。

三、可以駕馭甚而自在使用大家所害怕的鋒利刀具、熾熱菸頭、巨量藥物，還是操控疼痛本身，讓我有一種莫名的獨特感。

自閉症與亞斯伯格症

由於神經發展之異常，以自成一格的邏輯與思維模式與世界互動，缺乏回饋調控機制，尤其在社交功能上有很大的缺陷。也可以說，自閉症與亞斯伯格症患者，是生活於自己極為特殊的劇本之中，缺乏彈性與適應力。

各類人格異常

戲劇化／自戀型人格異常者心中的劇本：我是人生這齣戲的主角，太陽圍繞著我而轉，與我相關的一切都必須出色不凡。

邊緣型人格異常者心中的劇本：身邊的人，不是愛我的，就是恨我的，我隨時都有可能被拋棄，世界上沒有人是值得信任的。當我心情好時，世界如此美麗……當我心情差時，便是世界末日。

反社會人格異常者心中的劇本：其他人的想法與感受沒有什麼意義，我的需求得到滿足才是最重要的！

暴食症與厭食

暴食症者心中的劇本：美食可以提供最好的滿足，進食是我與世界的最佳互動。

厭食症者心中的劇本：藉由對於食物與體重的駕馭，讓我重建自信，所有的痛苦與挫折都不算什麼了。

菸、酒、毒品等各類成癮

心中的劇本：因為某些因素，我不見容於主流價值的舞台；那麼，我只好向最忠誠、隨傳隨到的「朋友」尋求慰藉了！

3C成癮

心中的劇本：真實世界都不照劇本來，我只好在虛擬世界當主角，尋回掌控感。

各種身心疾病都有其獨特與複雜的生理、心理及社會機轉，不可簡單歸因，更不應自我診斷，建議尋求專業的評估與協助。但是，如果你能夠察覺到其中「導演症候群」的成分，對於改善與康復，不啻是邁進了一大步。

對治篇

提升動機

了解導演症候群這個普遍存在、又深刻影響人類的心理現象後，接下來，就讓我們來討論：如何對治導演症候群？既然導演症候群的關鍵在於「劇本」，其對治之道，簡單來說，就可以分為「放得下劇本」與「放不下劇本」兩種類型。

如果「沒有能力」放下劇本，你最需要的，是「更有效的心理技巧」，這在稍後的章節，會有更深入的介紹。如果「有能力」放下劇本，你所需要的，則是「更多的動機」。

為什麼我們應該放下劇本？

很多人會覺得，人生不就應該事事都有充分的準備與充足的計畫嗎？沒錯，「凡事豫則立，不豫則廢」，但是過度規劃細節、只接受單一版本，就會成為一種掌控慾，對自己、對其他人都有可能造成傷害。

若想以單一、僵化的劇本，面對複雜的世界與多變的人生，可想而知，你的勝算低得可憐！大多數成功的人，都是以變形蟲般的精神與毅力，使盡渾身解數，因應各種意料之外的挑戰，終至達成目標。

如果你非常誠懇地詢問企業家王永慶先生：「如果我想成功，您會有什麼建議？」相信即使是經營之神，也無法告訴你具體一步一步該如何進行。但是，有很大的機會，老人家會苦口婆心地向您傳授他一生「勤勞樸實、止於至善、永續經營、奉獻社會」的企管理念。

丹尼爾・康納曼（Daniel Kahneman）在其暢銷書《快思慢想》中表示，《從A到A+》、《基業長青》這兩本經典著作中，使用最科學、最嚴謹的方法所篩選出的成功企業，將時間拉長後，其表現竟不比隨機抽選的公司出色。

我們的智慧、素養與人生歷練，會勝過這些學者專家或是成功人士嗎？如果他們都無法準確預測未來，我們憑什麼有這麼大的自信呢？基本上，高度計畫與操控，不論是用在個人、組織還是國家，都將會是一場災難。

最典型的例子，就是宗教戰爭與獨裁政府。宗教方面，有信仰、有歸屬很不錯，依循一套去惡向善的人生準則更是一件很棒的事情……但是，如果對於自己的信仰（即劇本）過度熱衷，把想法不同的人都視為異類，甚至欲除之而後快，這就成為一件極大的罪惡。人類歷史千百年來，因為宗教而引發的戰爭從來沒有停歇，造成多少無謂的犧牲與慘痛的心靈傷害。這與多數宗教寬恕、慈愛、勸人為善的宗旨絕對是背道而馳。

人為什麼對於與自己想法不同的人這麼痛恨？究其原因，是來自於對於本身信仰的「缺乏自信」。人們的眼睛都是雪亮的，如果你所追尋的信仰這麼好，把時間拉長，自然大家都會心甘情願加入，又何須惡言相向甚至暴力以對呢？臺灣長期爭論不休的藍綠、統獨議題，其本質也是如此。

在政治與經濟方面，千百年來，有無數自認「聰明絕頂」的人，以為執行一個最理想的制度，就可以實現富強康樂，甚至世界大同的理想。但是不論是秦始皇、王莽、希特勒，或是史達林領導後的蘇共，都是設計並執行高度計畫與操縱的政經制度，最終卻導致巨大失敗的例子。

事實上，兩百多年前，經濟學之父亞當．史密斯在《國富論》中，即明白揭露：「雖然人們的動機都是自私與貪婪的，但自由市場的競爭性，卻可以充分利用這種特質來造福整體社會！」這也就是現在自由貿易與資本主義的基礎。近代歷史也證明，管制最少的自由貿易與民主社會，才是最人性化、最有效率，也最能照顧多數的理想制度。

動物也仰賴劇本？

在非洲尚比亞南盧安瓜國家公園內，有間名叫 Mfuwe Lodge 的飯店，在每年十月下旬，就會迎來一批特殊的旅客。這批旅客，其實應該稱作過客，每天大搖大擺地穿越飯店大廳，不時東瞧瞧、西看看，顯得輕鬆自在。牠們體型龐大，年紀有老有小……你也許猜到了，他們並不是人，而是一群大象。

拜多年盜獵所賜，一般野象對於人類有十分高的警覺性，但為什麼這一群大象，會冒著大不韙，準時穿越飯店大廳？除了飯店中庭種植了大象最愛的芒果外，更重要的原因是：這所飯店，正巧蓋在野象家族千百年來的遷徙路線上！

大象家族的領導者，是年紀最長的「當家母象」。當家母象的職責，在於運用驚人的記憶力，將祖祖輩輩經驗累積的最佳遷徙路線傳承下來。每個草場、每叢果樹，甚至每個水塘會在什麼時節出現、到了岔路口該選擇哪一個方向，都必須牢記腦中。在嚴酷荒涼的非洲曠野，當家母象帶領一大家子不斷向前邁進，肩負整個家族的生死存亡。

牢記且確實遵循這個「劇本」，讓大象得以成功存活、繁衍，並且稱霸非洲草原。遵守劇本，造就了 Mfuwe Lodge 飯店令人驚奇讚嘆的動物奇觀，也讓「人獸和諧相處」成為飯店的最佳賣點。但是，在非洲與亞洲，卻有更多更多墨守成規的大象，因為自己對於劇本的忠誠與固執，喪生在埋伏好的盜獵者槍下。

面對嚴酷的環境，約定俗成的最佳劇本，成為動物不可或缺的生存之道。但是，隨著時代變遷，這套「仰賴既定劇本」的生活模式，還能繼續成功運作嗎？

幾年前的一則小新聞，令我印象深刻。千百年來，野鴨就是人類獵食的對象，所以野鴨爸媽大多會選擇在杳無人跡的荒野中築巢。一隻野鴨媽媽卻特立獨行、品味獨特，選擇在一個不可思議的的地點養育下一代——白宮門前的大草坪。

此一石破天驚的舉動，不但沒有害自己與兒女丟掉性命，反而讓一家人成為白宮的嘉賓。不但媒體爭相報導，每日追蹤小鴨鴨的成長狀況，甚至一向嚴肅謹慎的白宮特勤人員，都每天特別為野鴨一家人護駕、開道。在嚴酷多變的環境、嚴格的生存競爭中，也許脫離劇本的演出，才能出奇制勝。

你也有一顆原始人的大腦嗎？

回頭看看人類的情形，從第一個「智人」祖先開始，我們已經經歷了十多萬年的漫漫歲月。十多萬年來，人們必須不斷面對飢餓、疾病、嚴寒酷暑、居無定所、猛獸、天災、戰禍，甚至是人與人之間的相互衝突，直到我們的祖父母甚至父母這一代，都還曾經歷戰爭與動盪。

多數人們可以享有真正安居樂業、衣食無缺的生活，也就是大約這五十年的事；五十比上十萬，這是多麼懸殊的差距！所以，說來也許你無法相信，我們的大腦比較習慣充滿壓力的環境，而非安逸的環境。

充滿壓力的環境下，善於預測最壞的狀況、隨時都充滿憂患意識的人，最能存活。這一類人（其實也就是大多數的人），腦中無時無刻，都有著成套成套的「劇本」——一切都要照劇本來，否則很有可能出大亂子。

狩獵捕魚必須照劇本，否則小則一無所獲，大則受傷迷路；「春耕、夏耘、秋收、冬藏」必須照劇本，否則小則收成銳減，大則飢荒遍野；祭祀節慶必須照劇本，否則小則諸事不順，大則天降災荒；甚至治病養身，也必須依照一定的劇本，否則小則病痛纏身，大則一命嗚呼。

若是不經意超出劇本範圍，不但讓人焦慮不安，更會引人側目。倫理、綱常、老祖宗留下的規矩，若不切實遵守，不只觸怒天地鬼神、觸犯律令，更不見容於群體。

即使沒有遭受有形的懲罰，也必須承受良心譴責，令家族蒙羞，甚至會被驅逐出群體保護傘，下場常常只有孤獨或死亡。所以，在每個人的集體潛意識中，都儲存了大量千百年來既定的劇本。

「我必須成為出色的獵人。（我必須成為有用的人！）」

「我要儲藏最多的糧食。（我要成為有錢人！）」

「我必須讓多數人喜歡自己。」

「吃得苦中苦，方為人上人。」

「萬般皆下品，唯有讀書高。」

「男主外、女主內。」

「嫁雞隨雞、嫁狗隨狗。」

「安分守己、忠君愛國。」

小時候，我們都夢想，隨著科技的進步，苦差事都可以交給聰明、精密的機器。在未來世界中，人們終於可以過著輕鬆自在的日子。若干年過去了，經由無數前人的努力，人類的文化、科技，甚至政治與經濟制度，都來到了一個空前的高點……但是，我們有比父祖輩，活得更輕鬆自在嗎？

大多數人都知道，這一切並沒有發生。我們的煩惱與勞心勞力，並不比父執輩少；以最強大、最先進的國家美國為例，憂鬱症發生的比例在這五十年間，竟然成長了十倍。我們有幸，生在一個安全、自由、多元、豐足的年代，但是，為什麼我們無法享受文明進步的成果？

主要原因在於，我們的大腦深處、我們的潛意識之中，仍然住著那個在荒野中居無定所，刻苦求生的原始人！我們的大腦與潛意識中，有太多太多的劇本，讓我們活得戰戰兢兢，無法在平安豐足的年代，享受與眾不同、充滿個人意涵的人生。

我們仍然焦慮多數人的焦慮、恐懼多數人的恐懼、憤怒多數人的憤怒、追求多數人的追求……這些既定的劇本，綁死了原本可以精彩豐富、多采多姿的人生；更甚者，我們無意識地續用這些陳舊的劇本，來箝制孩子的人生！原來，荼毒舊社會的裹腳布依舊存在。而且不論男女，在你的青春歲月中，或多或少都得被裹上幾層。

在過去艱困的年代，「做自己」是一種奢侈的生活方式。時間來到現代，人人都可以是蘇格拉底、莊子、竹林七賢或是李白。「天生我才必有用」，你還要依照死板、僵硬的劇本來度過僅此一次的寶貴人生嗎？

古今智者對於導演症候群的詮釋與告誡

打開古今中外的歷史，你可以發現，許多高瞻遠矚的智者，一再對於拘泥固執、墨守成規，也就是「單一劇本」的危險，提出諄諄告誡……

道可道，非常道；名可名，非常名。（對於道理、名相，拜託不要再執著了……）

禍兮，福之所倚；福兮，禍之所伏。孰知其極？其無正也。正復為奇，善復為妖。人之迷，其日固久。（禍福好壞反反覆覆無從預測，人們連是好、是壞、是福、是禍都還不確定就煩惱重重，不是傻子嗎？）

春秋 老子

子絕四：毋意，毋必，毋固，毋我。（孔子杜絕四種壞習慣：不妄自揣測、不極端思考、不固執己見、不自我中心。）

吾嘗終日不食、終夜不寢，以思，無益，不如學也。（每天想著腦海中那套千篇一律的劇本，只會一無所獲……不如趕緊學些新東西吧！）

春秋 孔子

水因地而制流，兵因敵而制勝。故兵無常勢，水無常形；能因敵變化而取勝，謂之神。

春秋 孫子

善戰者因其勢而利導之。（成語「因勢利導」之由來。）

春秋 吳起

安危相易，禍福相生。

來世不可待，往世不可追也。

吾生也有涯，而知也無涯。以有涯隨無涯，殆已；已而為知者，殆而已矣。（所知有限，卻自以為什麼都知道、盲目追求……疲憊喔！危險喔！）

君子無入而不自得焉。（君子無論處在什麼境地，沒有不自在快樂的。）

戰國莊子

戰國《中庸》

應無所住，而生其心。（心心念念，都不該帶著預設立場。）

佛陀《金剛經》

塞翁失馬，焉知非福。

福之為禍，禍之為福，化不可極，深不可測也。

西漢劉安《淮南子》

我只知道一件事，就是我什麼也不知道。

真正有智慧的人，才知道自己不知道的事情還真多……

希臘蘇格拉底

世界唯一不變的就是變。

約翰・奈斯比《大趨勢》

Stay hungry, stay foolish!

蘋果公司創辦人賈伯斯（Steve Jobs）

脫離導演症候群後的境界

到底有什麼好，值得我們放棄令人有掌控感與安全感的導演身分呢？我們先來看看古聖先賢們怎麼說：

上善若水……大道無為……

春秋　老子

君子不器。（君子沒有固定的思維模式，不會畫地自限。）

春秋　孔子

無用之用，方為大用。

戰國 莊子

諸行無常、諸法無我、涅槃寂靜。

佛教 三法印

萬物靜觀皆自得。

北宋 程顥《秋日偶成》

山重水複疑無路，柳暗花明又一村。

南宋 陸游《遊山西村》

既能寄望天邊的晚霞，也能欣賞路邊的玫瑰。

格言

這樣清爽自在的境界，是你所嚮往的嗎？

當然，單純放下劇本、毫無責任感、隨波逐流，像個遊魂般地過日子，不可能會是好事。所以，建議將手中「劇本」丟掉的同時，可以換上一個「指南針」。這個指南針，就是我們面對複雜多變的世界，最重要的準則、價值觀與中心思想。擁有正向的價值觀，可以讓我們在人生的驚滔駭浪中，不至於迷失方向。在第三部案例篇中，你可以看到相關的動人小故事。

以下，分析正向／負向劇本、正向／負向現實這兩個變數，對於擁有正向或負向價值觀的人，會產生什麼樣截然不同的結果：

圖表2：正向價值觀（指南針），帶領你超越劇本與現實的束縛！

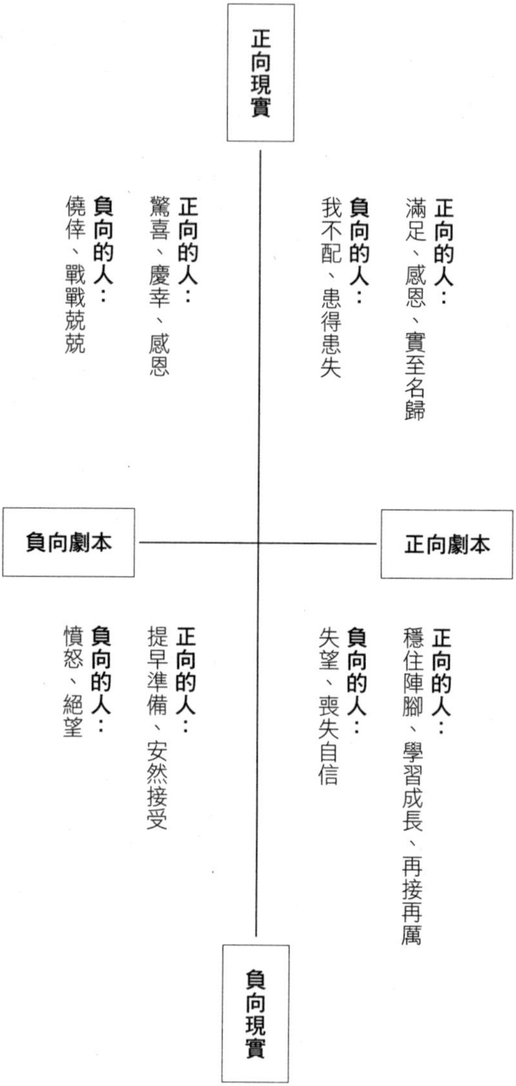

可以看出，只要依循正向的指南針，不論「內在劇本」與「外在現實」如何變化，你都可以省去不必要的負面情緒，在欣賞人生不確定性的同時，做出合宜的反應——化險為夷、轉危為安。

幫助你輕鬆跳脫導演症候群的心理技巧

前面談過這麼多「導演症候群」的弊端，甚至是毀滅性的結果，以及跳脫導演症候群後的自在與快樂，無非是苦口婆心、期待能夠藉由諸多例證，提高讀者脫離導演身分、放下劇本，甚至超越劇本的「動機」。

但是，從心理從業人員到一般大眾，都能深深體會「知易行難」這個魔咒——許多人都知道正確的道路在哪裡，但就是無法邁出步伐、勇往直前。

失戀的人都知道「天涯何處無芳草」、「下一個會更好」，但就是無法揮去對於「那個他」的依戀。

鬱鬱不得志的上班族也能體會自己一定有其他潛能與志向，也相信「三百六十行，行行出狀元」，但是就是無法下定決心「fire 掉老闆」，在新的領域重新開始。

憂鬱的人都知道多運動、多與人互動、泡個澡，甚至只是看個喜劇片都有可能讓心情好轉。但是心情跌到谷底時，還是無可避免地以「自我傷害」作為優先宣洩。

強迫症的人醫學知識也不比一般人少，也了解人體都有免疫力，可以保護自己不受常見的細菌與病毒傷害；可是一旦接觸自己定義的所謂「髒東西」，就會警報大作，無可避免地焦慮異常，不得不重複洗手甚至瘋狂洗澡。

大多數父母都知道對孩子過度溺愛、過度嚴厲，或是過於嘮叨，都是沒有幫助的。然而，一旦習慣成自然，就再也無法阻止自己對於孩子不健康的教養方式。

坐在帶刺的導演椅上，痛苦萬分卻無法起身；依循一個蹩腳的劇本演出，重重煎熬卻無力跳脫。一位患者形容：「彷彿身處於一個永遠都醒不來的噩夢……」這是多麼無助、絕望的人生啊。

別怕！即使情況再棘手，只要用對方法，一切都還是可以迎刃而解。具備動機、決心改變後，卻沒有能力放下劇本？此時你所需要的就是：更有效的心理技巧。

你是想法的主人！

首先，要相信，自己的思想是自由的。

我們來做一個練習：

在腦海中想像一隻大象。沒錯，就是常見的那種大象。不論是非洲象、亞洲象都可以。長長的鼻子、大大的耳朵、龐大的身軀。

現在，想像大象變成「藍色」的。是不是有些不習慣？因為這與我們過去的經驗不符，正常的大象，應該是接近灰色或棕色的。也許一時反應不過來，但是腦筋稍微轉一下，絕大多數人都可以成功。

再來挑戰更難的，想像大象身上有「斑馬一樣的黑白條紋」。是不是腦袋又卡住了？但是多數人將腦筋放鬆，再稍微加一點油門，就可以想像出「黑白條紋」的大象。

有些人分享「先同時想像大象及斑馬的影像，再將兩者合而為一」，這也是不錯的方法。

再來，想像一個典型的「大雨天」。

讓腦海中浮現大雨傾盆而下的情景。非常容易吧？

接下來，想像雨水是與現實相反的，「從地上滴到天上」。

一瞬間是不是又有些卡住了……但是，只要放鬆大腦，再重新轉動，幾乎所有人都可以想像出「雨水往天上滴」的畫面。

最後一個，想像常見的紅花綠葉。

比如說幾朵鮮紅的玫瑰花，旁邊襯托著綠油油的葉子。接著，想像與習慣相反的「綠花紅葉」。經過前面的練習，這次是不是又快了一些？變出「綠花紅葉」一點都不難吧。

你的大腦是不是比你想像的還要聽話？這揭露一個人生極大的祕密，即：

每個人的大腦都可以隨時採用全然不同，甚至完全相反的角度思考事情。每個人使用的方式不一樣，有些人會經歷一番掙扎、有些人需要「放鬆再重新運轉」，有些人則可以自由自在地立即切換各種截然不同的思維模式。

就心理學來說，「越有彈性」的大腦，越不容易被單一劇情卡住，也就是「越健康」的大腦。來看一些例子：

失戀的人，一時會覺得：「心愛的人離我而去，實在太痛苦了……」但是下一秒又可以轉念一想：「這也代表我終於又自由了，我又有機會找到更為契合的伴侶！」心情頓時輕鬆了一些。

對於輸球或是表現不佳，麥可・喬丹不會以痛苦、挫折來解讀，而是覺得這是一種「值得探索」，甚至「引人入勝」的事情。不論輸球或贏球，喬丹都有一個特殊的習慣：在比賽結束後，立即拿著球回到球場，趁著記憶猶新，將剛才比賽中投得不好的球，反覆練習，直到有全然的把握。麥可・喬丹之所以可以成為籃球大帝，在於他有一個與眾不同的習慣，即「失敗學更多」。

被醫生宣告罹患癌症是一大打擊，但是轉念一想，這也代表：「我終於可以放下一切，好好休息，同時真正做自己了。」確實，對於重症患者的研究顯示，許多人面對不治之症，反而大澈大悟、抓緊時間去做一直想嘗試，卻未能實踐的事情，人生反而豁達起來……生病後過一個月，甚至比健康時過十年還要收獲更多。

我之前在少年法庭擔任顧問時，做過大量「非行少年」（觸法少年）的心理狀態評估。其中多數少年來自於不健全的家庭，例如單親、隔代教養，或是父母本身吸毒酗酒，甚至父母不詳而需寄人籬下。許多孩子對於自己不如人的身世，感到自卑、憤恨，甚至自暴自棄；但是也有幾位少年，其思維模式突破窠臼，令人動容。

一位長大後才得知自己幼年即被送養的少年，不但沒有像電視劇一樣「晴天霹靂」、「無法接受」，反而這樣理解：「正因為父母不是親生的，卻還能夠如此無私地照顧我，我當然是更覺得可貴、更感激他們啊。」

相信自己的大腦是自由的，也願意嘗試用各種不同的觀點思考事情，「放下劇本」，甚至「超越劇本」，這是邁向健康幸福人生的捷徑。

「負面感受」卡住多數人

讀者看到這裡，應該會覺得信心大增、充滿希望，但是，又隱隱約約覺得哪裡不太對勁。沒錯，「人哪有這麼容易改變？」

據我多年的觀察，有些人真的是死腦筋，不願改變對自己沒有幫助的思維模式。但是更多人是因為「負面感受」，讓自己無法跳脫負面的思維模式。

比如說，你的牙齒正痛得很厲害，我又一直找你講話，會有什麼結果？你可能會覺得：「這個人真討厭！」是的，負面的感受，自然而然就會引導出負面的思維內容。

相反的，如果你吃飽喝足，剛泡完溫泉，又會出現什麼樣的思維？沒錯，應該都是正向的內容居多，如「好享受啊」、「活著真好」。

我喜歡浮潛，曾經在蘭嶼與沖繩浮潛時，與常見的黑白條紋海蛇不期而遇。過去在動物星球、Discovery 等生態頻道中，我早已知道海蛇十分溫馴，絕少有人被海蛇咬傷，甚至常看到主持人拿起海蛇輕鬆地在手中把玩……

但是「海蛇毒性超強」，甚至只是對於「蛇類」直覺的恐懼，加上心跳加快、呼吸加速、肌肉緊繃等交感神經反應，都讓我的思維模式瞬間轉向「快逃命」。結果，兩次與海蛇的邂逅，都無法好好觀察這種美妙的生物，而是以「逃離水面」收場。

所以說，「感受」對於「想法」的影響，比你想像大得多。

你不是不知道「天涯何處無芳草，何必單戀一枝花」，而是因為那種「心痛」的感受，讓你無法輕易轉換人生的劇本。

你不是不知道「適才適所」的道理，但是離職的不安定感，甚至失敗的屈辱，讓你寧願守著大公司或公職、不合適甚至不愉快的工作，無法真正瀟灑做自己。

你不是不想拒絕操控性強的父母，但是又愛又恨的情緒，加上「孝順」這個傳統價值與心中的不捨，讓你對於父母向自己人生的不健康介入與動不動就出現的情緒勒索，難以說NO。

相對的，身為父母，你不是不知道應該讓孩子適性發展，但是「我的孩子不如人」、「孩子未來可能受苦」的強烈焦慮，卻讓你不由自主地成為過去自己最討厭的「高壓型」、「直升機型」父母。

有什麼具體的方法，可以一舉戰勝固著的「負面想法」與「負面感受」呢？

面對壓力與變局：你不需要劇本，你需要的是「超然的我」與「超然的情緒」

心理學家分析，人有兩種情緒。一種是「初級情緒」（primary mood），另一種是「次級情緒」（secondary mood）。

以下，用一個情境來說明，讀者就可以輕易理解：

走在路上，突然，一條兇惡的大狗「汪！汪！汪！」一邊狂吠、一邊從路旁衝向你。你被嚇了一大跳，此時，你的身心會在瞬間出現哪些反應？心跳加快、呼吸加速、發抖、冒冷汗、肌肉僵硬、寒毛直豎、驚恐、緊張……

這些反應，不假思索、一股腦地冒出，是你無法用意志力控制的、是反射式出現的，稱為「初級情緒」。

這種自動化、瞬間產生的情緒，儘管常讓人不舒服，但是可想而知，它是其來有自的。千百萬年前的洪荒時代，大多數的突發事件，例如洪水、猛獸、敵人的侵襲，都需要我們用最快的速度、最全面的動員力，將身心武裝起來，做出立即的反應。

這種初級情緒，幫助我們的祖先，度過重重難關，因為它有用，所以深深地寫入每個人的基因之中。

下一次，當你因為一個突發事件、一個震驚的消息、別人的一句話，甚至後面的車子「叭」你一聲而瞬間出現強烈的憤怒、憂鬱、焦慮、驚恐、難過等「初級情緒」時，要知道，當初這個反射式的身心設定，是有其正向的目的，且曾經拯救過我們世世代代祖輩的。

故事繼續講——

所幸，這隻狗只是虛張聲勢，呲牙裂嘴狂吠了幾聲後，就止住了腳步，悻悻然地瞅著你，沒有進一步的行動。加緊腳步脫離危險圈後，一般人的反應通常是這樣的：

「喔……還好只是虛驚一場……說來好笑，這麼大的人竟然被狗嚇了一大跳……」然後，邁著輕鬆的步伐繼續行程，整件事並不放在心上。

然而，有兩種人卻不是如此。

第一種人離開後，回到家裡越想越氣：「這是誰家的狗！如果真的咬到人怎麼辦？我家的孩子上下學也是走這條路，那不是挺危險的嗎？可惡！讓我來教訓一下這隻狗！」

最後，拿了根棍子要回去打狗。結果，剛好遇到狗主人出來，一番理論後，與狗主人發生激烈衝突，雙雙吃上官司。

第二種人，一上路就越想越難過：「我最近怎麼這麼衰……做什麼都不順，同事老找我麻煩，老婆也總是唸我。你看，現在連狗都來欺負我……」、「我真是太沒用了，我的人生就是一場悲劇，還有什麼樂趣可言？看來，未來也沒啥希望了……」結果，晚上就弄了一盆木炭，準備燒炭自殺！

我的患者中，真的有這樣個案例。白天上市場錢包掉了，整天越想越悲傷，對自己、對世界深深失望。最後，到半夜就吞了幾十顆安眠藥，意圖輕生，還好急診治療之後並無大礙。

故事中這兩種人，經歷「被狗嚇一跳」之後所衍生的，添油加醋、反客為主的情緒，就稱為「次級情緒」。

次級情緒，其來源常常不是眼前的事件，而是過往的經驗在潛意識中所累積的負面記憶，也就是既定的「負面劇本」。例如一個小時候反覆被家暴、或學生時期常常被霸凌的人，只要接收到令其聯想到過去痛苦經驗、或是與腦中「負面劇本」相近似的訊息，就會不斷冒出焦慮、害怕，甚至恐慌的思維與情緒。

大家可以回想看看，在人生的經驗中，是初級情緒，還是次級情緒，佔據掉你比較多的時間與精神？哪一種情緒對於你的生活品質有比較大的干擾？

沒錯，「初級情緒」的來去很自然；擋不住、也不需要擋。研究統計，初級情緒通常持續不會超過十幾分鐘。影響我們生活品質、浪費我們寶貴人生的——「次級情緒」才是真正的罪魁禍首！

試想，如果考試成績不理想、賽跑跌倒、被同儕排擠、失戀、夫妻吵架、投資失利等。這些人生常見的負面事件，都只會影響你幾分鐘的情緒，隨後你就可以振作起來、重整旗鼓、繼續向前……人生會有多麼大的不同。

如果大家認同這個目標，接下來，該如何做，才能讓人生不被次級情緒牽著鼻子走呢？以下，就讓馬醫師隆重介紹，現代人想要有高EQ，必須具備的神兵利器——「超然的我」與「超然的情緒」。

想像，你牽著一隻狗上街，這隻狗在家裡悶久了，終於來到戶外，請問牠最期盼的是什麼？

沒錯，就是：「到底什麼時候你要放開我？」

等到來到一個不錯的大草坪，你覺得環境OK；於是，挑了一張長椅坐下，再解開狗兒的鎖鏈。

這時候，只見狗兒如釋重負，抖一抖全身的皮毛，就飛也似地衝出去，在大草坪上自在地奔跑、聞嗅、刨地、與其他的狗嬉戲。而你這個悠閒的主人，只是安穩地坐在長椅上，老神在在地欣賞這一切。

等過了一段時間，狗兒放電完了，牠自然就會心滿意足地回到主人身邊，讓你繫上狗鏈，乖乖地隨你回家……

這隻狗，就是我們的「情緒」；而狗主人，就是那個「超然的我」。

鍛鍊好超然的我，讓超然的我常常出面主持大局。初級情緒盡情揮灑後，沒有人去火上加油，自然就不會升級為次級情緒了！以序列解說如下：

舊模式：

事件 →（立即、反射式）→ 初級情緒 →（新仇舊恨、添油加醋）→ 次級情緒

新模式：

事件 →（立即、反射式）→ 初級情緒 →（**超然的我**）// → 次級情緒

再舉幾個例子，讓我們更清楚「超然的我」是如何運作的。

你與鄰居老王，因為一些小事吵架，回家後你越想越氣，想說：「我真倒楣有這樣的鄰居，我真想罵他髒話！有機會我一定要狠狠揍他一頓。可是這樣不行，我不能讓別人知道這是我幹的……不如我找一些黑衣人去教訓他？還是我來放火燒了他家？」

你忙著憤恨不平，同時卻有另一個你，在你身後淡定地說：「少來了……我知道你只是在發洩……我知道你一件都不會去做的……」

果真，一番「精神勝利法」之後，你覺得輕鬆許多，對於之前的事也釋懷了不少。第二天，出門看到老王時，你依舊禮貌性地衝著他微笑，大聲說：「早啊！老王！」

也許你覺得這很虛偽，但是成熟的人類大腦，就是這樣運作的！不管有再多情緒，「超然的我」依舊強大，可以阻止你做衝動的事，並且對於許多不如意的遭遇迅速釋懷。

形容起來，就像是站在路邊看遊行。有一個了了分明的你，知道遊行的隊伍會來、也會走，只是站在路旁默默欣賞，不會傻傻地被遊行隊伍帶走。

這個遊行隊伍，就是你的情緒。情緒會來，也會走。你所要做的，只是目迎目送，欣賞好的、忽略不好的，藉由來來去去的好壞情緒，妝點出你精彩豐富的人生！

如果還是卡在情緒中怎麼辦？

心理技巧百百種，以下，我提供幾種多年臨床經驗中，成功率比較高的心理技巧，大家可以逐一練習，甚至整合修改，創造出自己專屬、最給力的調適密技。

過馬路哲學

每個人對於過馬路，都是駕輕就熟。過馬路的訣竅很簡單，就是「要麼停看聽、要麼快速通過」。最危險、最痛苦、最令人不安的狀況，就是卡在馬路中間，進退兩難、還要擔心被高速往來的車輛撞到。對應到心理困擾，你會發現，大多數的人之所以痛苦，都是因為讓自己身陷於馬路中間，進退不得。

舉個例子：

有個人很害怕坐飛機，在候機室裡坐立難安……

其實，真正讓他痛苦萬分的，並不是坐飛機這件事情，而是「卡在馬路中間」動彈不得：一方面，他會擔憂「萬一飛機失事，那會多麼可怕！」；另一方面，他又覺得不該這樣自己嚇自己：「別人都不怕，我為什麼要反應這麼大？」

結果，是腦海中這場喋喋不休的辯論會，讓「坐飛機的焦慮」這種原本單純的「初級情緒」久久不散，化為痛苦耗時的「次級情緒」。所以，該如何化解呢？

以過馬路的邏輯來說，要麼收回腳步，停在原點別邁入馬路：

不要啟動腦海中的辯論會，一旦發現苗頭不對、自己即將開始焦慮，就要「無所不用其極」儘快轉移注意。可以喝一杯水、洗一把臉、深呼吸，或是起身走幾圈……行為療法教科書會建議在手腕戴上一條橡皮筋、或矽膠手環，一旦發現無聊的辯論會即將啟動時，就把它拉長、然後放手，讓它狠狠地彈在手上。

感覺起來很愚蠢，但是這種無傷害性的瞬間疼痛刺激，確實可以收到轉移注意、停止無謂思考的奇效。持續執行、假以時日，套用前面「腦迴路」的概念，只要「馬路辯論會」反覆被打斷，迴路就會萎縮甚至消失無蹤。

重點是，一定要「及早」介入！想像如果是一株火苗，只要一茶杯的水就可以澆熄；一旦大火已經延燒到整個房間，那就不是一己之力可以撲滅的了。

但如果已經不由自主地走上馬路，為了避免卡在中間、進退兩難，接下來你可以做的，就是果斷地「一路走到底」。這時所採用的，是臨床經驗中頗有奇效的「飽和法」。

使用手錶或是手機，定時五分鐘。在這五分鐘之內，只能專心一志地，把你所擔心的、最糟糕的狀況，想到極致。

例如前面這位害怕坐飛機的老兄，就要拿出五分鐘的時間，全力以赴，把所有最擔心、平時想都不敢想、關於坐飛機的全部恐懼，想到最誇張、最慘烈……

「飛機起飛了……離開地面了……越來越高了……如果掉下去怎麼辦？我好害怕……如果我在飛機上緊張到昏倒、還是心臟病發作怎麼辦？大家會不會嘲笑我？太尷尬了……我會不會害飛機必須折返？會不會害大家都耽擱行程？會不會被求償？……如果飛行遇到亂流怎麼辦？如果機件故障怎麼辦？如果真的要墜機了怎麼辦？……飛機真的往下墜落了……幾秒鐘之後就會粉身碎骨……臨死前會不會痛苦萬分？死後會去哪裡？……家人得知消息萬分悲慟、全家陷入愁雲慘霧……更慘的是，因為失去經濟支柱，全家流落街頭……」

重點是，在這五分鐘之中，你只能全心全力、毫無間斷的拚命思考這些最害怕的劇情。不能分心去想「待會兒晚餐要吃什麼？」、「這個周末要去哪裡玩？」這些不相關的內容。

不是不鼓勵負向思考嗎？這個練習會不會讓負向思考更固著，讓問題更糟糕？

很神奇的是，實際治療經驗中，大多數人即使定了鬧鐘，都無法持續堅持到五分鐘。

很認真的人，一開始會表情痛苦、眉頭深鎖、全身越來越緊繃……兩三分鐘之後，就會疲憊地抬起頭來，說：「這樣一直鑽牛角尖好累，腦袋沒辦法再想下去了……」甚至會出現一種前所未有的輕鬆感。

還有人更快放棄，一分多鐘後就笑著說：「一直想這些好無聊，我會一直忍不住去想別的。」不論是太累了不想再想，或是忍不住一直想要去想其他的事情，這都是最棒的消息。因為這代表「你有能力跳出過去讓你不舒服的劇本」。

反覆練習，如果你對於「跳脫劇本」這件事情越來越有信心，你就會成為大腦真正的主人。

需要注意的是，「飽和法」只能用在「被動的」感受與遭遇上，不可用在「主動的」、尤其「有傷害性的」行為上。例如不可以鼓勵當事人刻意去想如何傷害自己、如何結束生命、或是如何報復對方等。

下次遇到開會前緊張、不被尊重而委屈、失戀後難過、對孩子失望等，種種不舒服的情境，如果第一時間無法跳脫，已然身不由己地步入可怕的馬路……不如快步通過，試試這個違背常理，但是有趣又有效的「飽和法」喔！

神奇的正壓呼吸法

打斷負面思維與負面感受，我個人最喜歡用的，是一種簡單好學的呼吸習慣，我稱之為「正壓呼吸法」。一般人想到放鬆練習，就會聯想到「腹式呼吸」；但是腹式呼吸不容易學會，而且使用錯誤反而會更不舒服。而「正壓呼吸法」，相對就輕鬆、自然得多。

首先，抬頭挺胸，用胸膛深深吸一口氣；這口氣，會比平常的深呼吸更大口一些。

第二步，是憋住氣；時間以自己舒服為原則，幾秒鐘就可以了。

第三步，是由嘴巴製造一個阻力，把胸腔裡的空氣慢慢吐出……記得要完全吐光、一直要吐到肚子有些壓縮為止。

好了，這樣就完成一次正壓呼吸了。正壓呼吸法還有一個重點，就是吸氣的時候什麼都不想，注意力要放在「吐氣」的過程中。

為什麼稱作「正壓呼吸法」，它又有什麼神奇功效呢？

你可以想像，整個過程，就像吹飽一個氣球，然後捏住；這時候氣球內的壓力是大於大氣壓的，也就是「正壓」。吐氣的過程中，因為嘴巴製造了一個阻力，就像把捏住氣球的手稍微放鬆，氣球會慢慢消氣，但是過程中氣球內的壓力還是大於大氣壓的，也就是仍然處於正壓。憋氣與吐氣過程中的正壓，可以大幅提升氧氣交換的效率，讓身體含氧量增高。再加上，因為胸腔的正壓以及意念放在吐氣上，會讓「副交感神經」興奮，達成心跳變慢、血管擴張、手腳溫暖、也就是「放鬆」的效果。整體而言，就會讓身體的舒適度提升。

對比於緊張時常出現的「負壓」呼吸——因為焦慮帶來的胸悶與呼吸不順，讓人不由自主地想要一直吸氣；這個急於吸氣的動作讓胸腔呈現負壓（胸腔內壓力小於大氣壓力），氧氣的交換也會變差。再加上，胸腔的負壓以及注意力放在吸氣過程，會導致「交感神經」作用上升，心跳加速、血管收縮、肌肉僵硬、冒冷汗、發抖……一來一往、惡性循環，自然會更加不舒服，甚至引發恐慌症與過度換氣症。

許多運動員與表演者，也是運用正壓呼吸法，來增加血液含氧量、放鬆身體與情緒，達成精采傑出的表現。

甚至，抽菸的人，無意之間，也總是在吸菸時做出正壓呼吸的動作——想想：吸入燃燒物、憋住（享受）、再緩緩吐出煙霧的過程……不就是一個典型的正壓呼吸嗎？所以說，吸菸之所以讓人舒服、輕鬆，其實不是尼古丁的作用，而是「正壓呼吸」帶來的放鬆效果。我長期擔任戒菸醫師，會在課程中指導一種抽「宇宙大菸」的戒癮法：想像手中有菸，模擬抽菸的動作（主要是正壓呼吸），吸入宇宙精華，再緩緩吐出……你會發現，其舒緩情緒之功效與真正的抽菸一樣，甚至更好，因為少了嗆人的焦油與PM2.5。諸位癮君子們，想抽菸時不妨試試。

正壓呼吸的加強版：「吐氣鬆肌法」

站著、坐著、躺著都可以做，一樣採用正壓呼吸，但是省略憋氣這一步驟。吸氣時輕鬆自然吸到飽，在吐氣的同時，以自己最舒服的方式轉動肩頸、甩動手臂，甚至可以抖動或扭動全身。

忙碌的日常生活中，我們花費太多時間、精神在向外看、向外追尋；你可曾停下腳步，向裡面看看自己的內在，關心一下它的狀況、它有何需求？

練習正壓呼吸或是吐氣鬆肌法時，記得整個過程中，要將我們的注意力向內，感受全身以及內在的心靈。吸氣時什麼都不做，腦袋放空，放輕鬆吸到飽即可；而吐氣時，一邊感受身心的狀況，一邊將緊繃、痠痛、卡住的身心糾結處，逐步放鬆。隨時隨地、反覆練習，你會對於自己內在的感受更加敏銳，不再因為煩惱、妄想及慾念，忽略了內在的平衡。如此，正壓呼吸或是吐氣鬆肌法，將成為你瀟灑自在，不被身心綁架的密技。

如果你還是覺得「不可能」、「沒這麼容易」或是你試過上面的方法，發現效果不佳。那我邀請你，試試以下更強力的處方。

強烈的感受，可以趕走強烈的情緒

這個方法很簡單，就是養成習慣，在情緒最痛苦、最難過、最害怕、最焦慮、最煩躁、最憤怒、最激動時，立即動身去做「感受最強烈，但是沒有傷害性」的事情。

例如：洗冷水澡、在操場上全力衝刺、盡全力打擊沙袋、仰臥踢腿（我常用的方法，有些像空中腳踏車，但是著重在「踢」的動作，對於憤怒有奇效）、在空曠的地方聲嘶力竭大聲喊叫、看最感人的電影大哭一場等。

試過的人都可以體會，大腦經過強烈感受的上沖下洗後，原本胸口的鬱悶、肌肉的僵硬、肢體的顫抖、腦中的糾結……種種負面情緒與感受，都有很大的機會一掃而空。

無限輪迴，你需要做「相反」的事

很多人情緒一來，就會做出相同的反應，而這個反應，會讓情緒更加惡劣，形成一個惡性循環。例如：

脾氣暴躁的爸爸，一生氣就會忍不住打孩子；而看著遍體鱗傷的孩子，又會讓他愧疚、自責，陷入更深的負面情緒之中！

感情不順的上班族，釋放壓力的方式就是下班後上網瘋狂購物。望著堆滿家中，甚至尚未拆封的商品，加上刷爆的信用卡，深感無奈、絕望……

壓力大的竹科工程師，下班後疲憊不堪，不由得打手遊紓壓。打了整晚手遊，卻只是更加沮喪、空虛、疲累。

如果僅僅是「阻止」這三個人在壓力下做出以上不恰當的行為，通常成效不佳。如果僅僅換成深呼吸、放鬆、離開現場這些「中性」的行為，效果也不會多麼顯著。這時就必須做出一百八十度「相反」的事情，以得到更大的成就感，進而替代原來不適當的模式，形成新習慣。

脾氣暴躁的爸爸，可以將「打孩子」修改為相反的「陪孩子玩」，是不是有成就感、有建設性得多？

情傷之中的上班族，可以把慰勞自己的「網路購物」修改為相反的、造福弱勢團體的「網路捐款」。

壓力大的工程師，可以將繼續「動頭腦」的「玩手遊」修改為相反的、「動身體」的瑜珈或間歇運動TABATA。

我曾經聽跆拳道教練說過，有個孩子脾氣不好，生氣時總是會使勁亂踢屋外的椰子樹出氣。有位教練看出孩子似乎有天分，訓練一段時間後，果真成為知名跆拳道國手。

大學時的室友，對於社會上不公不義的事，不是像一般「憤青」滿腹牢騷或是上網亂罵，轉而譜寫歌詞伴著吉他自彈自唱。久而久之，成為頗具影響力的樂團主唱。

總之，發揮創意，你就可以找到與原來不良模式相反的、正向的、有益的、有回饋的，甚至可以改變一生的「新劇本」！

幸福從何而來？做對的事情、持續去做，然後……靜靜等待時間施展複利的魔法！

仍然無能為力？別忘了你還有兩個最佳夥伴！

負面的感受、負面的情緒，如果仍然佔有壓倒性的優勢，令你無能為力，只能臣服在這兩個暴君腳下……怎麼辦？

這時，千萬別忘記，你是生在二十一世紀的現代，你所經歷的一切痛苦，在人類歷史長河中，早有千百萬人經歷過。身為萬物之靈，人類一定不會坐以待斃；所以你的問題，已經有無數前驅者，悉心鑽研並找出最佳解決方案。沒錯，我所說的，就是醫學與心理學。相信專業、相信實證研究的成果，拋去主見，尋求協助。最簡單的方法，常常是最直接、最有效的方法。

一旦心靈生病了，「服不服藥」成為天人交戰。許多人道聽塗說，以為精神科醫師開的都是「鎮定劑」，讓人吃了以後呆呆傻傻，只是暫時忘記煩惱。或是認為精神藥物吃久了會傷肝傷腎，不能長期服用；甚至覺得精神藥物控制人的心靈，讓人墮落、放棄自主權，是不道德的……種種街談巷議、無端揣測，讓人對於正規治療裹足不前，甚至延誤治療的最佳時機！

多數民眾不知道，近年之研究顯示，壓力與負面情緒，會不斷殺死腦細胞。而精神藥物中的「抗憂鬱劑」與「二代抗精神病藥物」，對於因壓力或疾病而受損的神經細胞，竟有滋養甚至促進神經新生之功效，對於腦部健康大有助益。所以面對無法招架的強烈情緒，不妨與專業的醫師充分討論，找出符合自己體質與症狀的最佳藥物處方。

精神藥物種類眾多，可分為「症狀緩解藥物」以及「改善體質藥物」：

「**症狀緩解藥物**」：可以視為救生圈，能夠快速解除危機、舒緩不適，約五到二十分鐘效果即會出現，是戰勝負面感受的神兵利器！負面感受沒有了，想要恢復正向思考也非難事。這類藥物包含：放鬆／安眠藥物、交感神經抑制藥物、止痛藥、肌肉鬆弛藥物等。

「**改善體質藥物**」：作用為調節大腦功能，例如調整血清素、正腎上腺素、多巴胺等神經傳導物質，可從上游改善問題。作用較慢但效果較全面，需耐心服用一到四週才會出現完整功效。這類藥物包含：精神治療劑、抗憂鬱劑、情緒穩定劑等。

藥物種類繁多，治標治本，功能各異。而且隨著醫藥進步，各種功能佳、副作用少、代謝容易的藥物，不斷推陳出新。人生短短幾個秋，善用藥物，有效率地快速恢復身心健康、重建對於身心的掌控感、改善生命品質；其中利弊，不難做出客觀判斷。

即使不服藥，許多人對於心理諮商或心理治療，也有頗深的誤解。認為「心理諮商／心理治療就是談話，與一般的聊天有什麼不同？」、「我自己都想不通的事，有誰可以幫我想通？」，甚至覺得看精神科醫師或心理師，就代表自己精神或心理有問題，因而諱疾忌醫。由於缺乏全面的心理衛生教育，導致許多人延誤治療、錯失黃金期、病情惡化，甚或功能衰退，實為個人、家庭與國家的重大損失。

還有人僅僅因為「不知道面對心理師該說些什麼？」、「心理師會不會對我說教，甚至否定我？」、「談話還要付錢，值得嗎？」等理由，對於專業心理協助裹足不前。

事實上，心靈的提升、生命的改變，絕對是無價的。你只要做一件事情：「讓自己準時出現在診療室」即可，其他都是治療者的責任與本事，不需要自己操心。放下心中對於「接受專業協助」無謂的負面劇本，勇敢打開心胸，讓活水流入，我相信即使是最嚴重的精神疾病，都有改善甚至復原的一天！

放下劇本，你會成為更棒的父母！

長年的心理研究與臨床經驗顯示，許多人心理問題的源頭，來自於早年的「親子關係」。而提升心靈的最終目的，也離不開培養「心理健康的下一代」——所以我認為，有必要以一個獨立的章節，專門討論導演症候群在親子關係中的重要性。

四種「過」與「不及」的父母

綜覽各家心理學著述，你會發現，最終的建議總是殊途同歸：對孩子的心理發展最有幫助，最可以培養出健康、開朗、正向、有自信孩子的父母，稱之為「恰如其分的父母」。對比於此，則是各種「過」與「不及」的父母，包含「理智型父母」、「情緒型父母」、「溺愛型父母」與「忽略型父母」。他們的心中，都有一套固著的劇本，導致重複使用僵化、不合時宜，甚至失職的方式教養下一代。

「理智型父母」：通常為高學歷，要求完美，愛分析，有些焦慮、神經質，甚至強迫症傾向。對於孩子有過高的期望，博覽群書，期待以最理想之方式教養子女。對孩子從小即訂定明確的目標，什麼年紀該學會什麼一一規劃、刻意栽培，希望孩子能在特定的領域領先群倫。會花費大量時間在孩子身上，陪孩子寫功課、準備考試、上才藝班，對於孩子的生涯發展早有定見。

這一型父母常見的對白包括「媽媽也是為了你好……」、「照這樣做就對了……」、「吃得苦中苦，方為人上人」、「相信爸爸，不會錯的！」、「總有一天，你會了解我的苦心」、「為了你的將來，讓你恨我也沒有關係」、「等你長大後，你就會懂的……」

心中劇本：先苦後甜，才是人生的真諦。我是人生的過來人，我知道什麼對你最好，我希望你實現比我更好的人生。孩子的成長，如果一切都照我的規劃，就可以少走許多冤枉路，比別人提前得到成功與幸福。

問題：凡事總為孩子做決定，即使是最好、最正確的決定，都可以讓孩子喪失掌控感、自信心與決策能力。現今社會，十分流行「選擇困難症」與「拖延症」，與父母從小過多、過度的介入不無關係。

同時，過度理智，會讓孩子感受不到父母可以提供的、最重要的生長養分：「關愛」。雖然理智型父母會覺得「我提供給你豐富充實的人生」就是最好的愛，但是孩子所體會到的全然不是如此。孩子會覺得，你愛的是「我的表現」，而不是「我這個人」。

否認人與人之間的差異性、自以為是的同理心、認為「我做得到，你也一定做得到」、錯誤的「將心比心」……這一切都成為親子關係的殺手。

孩子真正的潛能，通常是未知的。而我們現在正處於一個快速變動的時代，五年、十年之間，世界就可能出現極大的不同。也就是說，孩子的人生，有很大機會和你過去所經驗的完全不同。甚至，孩子未來生活的方式、從事的職業，目前可能都還沒出現。

最幸福的孩子，能夠在人生的旅途上，一路做自己「喜歡」而且「擅長」的事情；如果能夠不斷找到這樣的領域，他自然可以走得輕快、開心、熱情洋溢。

父母以從眾、過時的經驗，對孩子的規劃越多，只會讓孩子更侷限、更墨守成規，甚至更脆弱。臨床上，不乏這樣父母以既定劇本「荼毒」孩子而不自知的案例。如果你所規劃的，完全不是孩子潛能與愛好之所在，而你又固執己見。換來的，可能是更可怕的怨恨與報復。

常見的「被動攻擊」：宅男宅女啃老族，用我的「無能」來回報給你；或是「隱藏式攻擊」：表現優異、一路順風，遠渡重洋，然後與父母老死不相往來……都是理智型父母常遇到的心碎結局！

「情緒型父母」：通常父母本身來自於有狀況的家庭，缺乏安全感、情緒高張，甚至忽冷忽熱、喜怒無常。精神醫學上，殺傷力最大、與精神疾病之生成與復發高度相關的照顧者，就是「高度情感表達」（high expressed emotion, high EE）型。

主要特徵包括過度的情緒介入，以及過多的批判。比較輕微的狀態，包含：喋喋不休的叨唸、抱怨、大驚小怪、大怒大悲等。嚴重者，則會呈現：冷嘲熱諷、批判、貶抑、威脅、情緒勒索，甚至出現口頭與肢體暴力！

常見之對白：「動作快一點……你看！又掉了！撿起來！……專心……衣服穿好……遲到了……你總是慢吞吞……（緊迫盯人、實況轉播）」、「你看，老是要媽媽提醒……」、「這次數學考的不錯……可是國文還是有待加強喔……（yes, but……）」、「你呀……就是粗心大意！」、「好手好腳的，整天好逸惡勞！」、「我數到三，你給我過來……一、二、三！」、「你再這樣，我就再也不理你了！」、「你的表現，讓我十分失望……」、「我沒有你這個兒子！」、「難道要逼我去死，你才甘心嗎！」是不是十分可怕！

心中劇本：你要知道我有多愛你！你不該忽視我的感受！你要為我的情緒負責！你必須以相對的愛與順從回報我！

問題：健全的人格，有賴於理性與情感之平衡。凡事訴諸情緒，只會讓孩子養成用情緒面對所有問題的習慣，逐漸喪失客觀與理智。研究顯示，如果大腦承受天災人禍這樣高強度的壓力，會造成神經失調甚至腦細胞受損。試想，如果你動不動就給予孩子情感上的壓力，就如同讓他每天都經歷九二一大地震——假以時日，大腦會累積多麼重大的傷害。

時不時的情緒勒索及口頭、甚或肢體暴力，會造成兩種後果：一種是孩子變得過度在意，甚至過度解讀他人的情緒，在人際互動時敏感自卑、患得患失，日後也很容易成為口頭或肢體霸凌之受害者，或是動不動就被伴侶、主管，甚至同儕情緒勒索。

第二種後果則是為了自保，開始忽略父母的情緒，變得冷漠，甚至早熟。因為常常處在負面的情緒之中，進一步，就連自己的情緒也變成習慣式地忽略。這在心理學上，稱作「情緒失讀」（alexithymia）。長期忽略自己與他人的感受與情緒，就會變成一個冷漠、缺乏同理心，甚至有反社會傾向的人；長大後，自己也有極高的機率，成為情緒勒索、甚或家暴的加害者！

「溺愛型父母」：通常來自於匱乏、艱困的家庭，為了彌補自身的缺憾，所以無所不用其極地呵護子女。隨時擔心孩子在物質或情感上有所匱乏，覺得提供子女一切，讓孩子幸福，就是盡到父母的責任了。通常不論是非，一切向著自己的孩子。當然，這也常發生在隔代教養，也就是祖父母對於孫子女的關係中。

常見之對白：「來，吃這個！」、「會不會冷？小心感冒了！」、孩子撞到桌子跌倒了：「桌子不乖，我幫你打它！」、「要照顧好自己，缺什麼都可以跟媽媽說……」、「如果有人欺負你，爸爸一定幫你討回公道！」、「為了你，我可以犧牲一切！」

心中劇本：我是最棒的父母，我要給你最好的……只要一切平安順利，你就會是最幸福的孩子。

問題：「慣子如殺子」、「慈母多敗兒」，社會上慘痛的例子，屢見不鮮。成長過程中，每一次跌倒、每一次受挫，都是寶貴的體驗與學習。孩子不可能一輩子生活在你的保護傘之下……溫室中長大的孩子，一旦要離開家庭，進入困難重重、競爭激烈的社會，將要如何生存？

醫學上也有類似的例子，隨著時代進步，現在的孩子大多成長在乾淨、清潔的環境，但各類過敏性疾病卻逐年上升。我們小時候，每天趴在地上打彈珠，吃蒼蠅爬過的東西，身體卻十分健壯。

除了環境的壓力，人際方面，外面的人也不會隨時都對你彬彬有禮。臨床上常見到，被師長罵一句、被同學推一把，就再也不願意去學校的孩子；談戀愛後，對方移情別戀，就尋死尋活……總之，成長過程中，培養出孩子對於環境壓力、對於人際衝突的適應能力，絕對是父母不可逃避的重責大任。

「忽略型父母」：通常因經濟因素或家庭責任（如工作壓力過大或照顧老病家人）而心事重重、自顧不暇，或過早生育（自己也還是孩子）、罹患精神疾病，甚至有酒癮／毒癮、身繫囹圄，無心也無法照顧子女。輕則慣於敷衍、忽視、粉飾太平，重則情感淡漠、言談冷漠，對於孩子的需求不聞不問；甚至嚴重缺席，導致主要照顧者頻繁更動。

常見之對白：「我工作已經累個半死，你還要我怎麼樣？」、「小孩子幹嘛問這種問題……」、「又不會怎麼樣，別哭！」、「我已經夠忙了，你乖一點別來煩我！」、「又沒有人給你壓力，你有什麼好憂鬱的？」、「你難道就不能自己照顧好自己嗎？」、「老天爺真不公平……我好命苦……」、「你這個討債鬼！」

心中劇本：我自己都沒辦法顧好自己了，你還來煩我！你不是我的責任，生在這個家庭算你衰！這個世界，有什麼值得留戀的？今朝有酒，今朝醉吧！

問題：健全的心智發展，有賴於充分的「依附關係」。人類屬於靈長類，你可以想像在大自然之中，靈長類的幼仔是如何度過嬰幼兒時期？

剛出生的小猴子，整天和母親緊緊依偎，加上哺乳這個動作，母親與孩子的大腦都會分泌「催產素」，而催產素，會讓母親與孩子都產生深刻的「愛」的感覺——這就是小猴子對於其他同類以至於這個世界，「信任」的堅實基礎。如果此時強制將母子分離，即使充分給予飲食照顧，讓小猴子順利長大，牠還是會出現性格上的變異……自卑、怕生、缺乏安全感甚或情緒不穩都有可能發生。

親子關係，是所有人際關係的基礎。如果對於最親近的父母都無法安心，談何對其他人產生信任？結果就是，一輩子的人際互動都受到影響，甚至對於家庭徹底失望，無法與另一個人建立穩固關係；更遑論成家立業，組織屬於自己的幸福家庭……

以上四種失職的父母，追根究柢，常常都有一個共通的原因……就是自己早年的親子關係也不健全。孩子對於父母永遠都是又愛又恨，所以無意識間，也會採用與父母類似或互補的方式，與自己未來的子女、其他人以及世界互動。這樣導致問題會世世代代以不同的型態不斷傳遞下去，影響可謂十分巨大與深遠。

可怕卻又無所不在的病態共生！

如果深入探討，你會發現，理智型、情緒型與溺愛型的父母，還有一個共通的心理癥結，叫做「病態共生」。

心理學家瑪格麗特．馬勒（Margaret S. Mahler）表示，人生中，只有最初六個月的共生，稱作「正常共生」。因為小嬰兒沒有自己謀生的能力，必須依靠大人（尤其是母親）才能存活。但是六個月之後，隨著各項能力逐漸成長，父母必須漸漸放手，讓孩子學著獨立、自主。

「你在學校打架，讓我很生氣！」、「你考這麼差，讓媽媽很難過！」、「孩子如果有個三長兩短，我也不想活了！」這些我們常常聽到、也覺得合理的對話，都在顯示，父母的自我邊界，仍和孩子大量重疊。「你要為我的情緒負責！」、「你會影響我，我也有權力影響你！」、「你我是生命共同體！」。很多人誤解以為，這是父母愛子女的天性，其實不是……這是一種令人窒息、彷彿彼此掐著對方脖子過日子的方式——這些都是「病態共生」。

當孩子遭遇挫折時，本身已經有不少的情緒。他是孩子，你是大人；父母應該保持清醒，以平和的態度，從旁理解與支持，而不是自己先衍生出一堆情緒，把整個事情搞成亂七八糟的一鍋粥——自己不舒服，孩子也無法從中得到成長與體悟。

許多父母共生的本事特強，不只一路走來干涉孩子求學、感情、事業、結婚生子，甚至到了七老八十歲了，還是可以繼續情緒勒索四、五十歲已然成熟的孩子。「我老了……沒用了……你們都不管我了……」、「我怎麼這麼命苦……孩子沒一個孝順的……」

不只父母會有形無形想要與孩子共生，孩子也會不由自主地想和父母共生。「你們如果離婚，我就離家出走！」、「爸爸一直外遇，我恨不得殺了他！」、「讓爸媽失望，我覺得自己很沒用！」甚至潛意識中，為了向父母效忠，我們都會不由自主地複製父母的悲劇：家暴家庭中長大的孩子，自己也成為家暴者；吸毒者的孩子，長大也吸毒；媽媽婚姻不幸福，女兒長大後也找了一個類似的、會折磨自己的對象。

你相信嗎，不只是親子之間會共生，連與周遭的人，甚至陌生人，我們也很喜歡動不動就共生！

偶像結婚了，粉絲心碎——關你什麼事，別人吃米粉，你喊燒？

你支持×××，真是腦筋不清，氣死我了——連別人大腦內的事你都要干涉，會不會管太寬？

政治人物被發現有小三、或是重大事件發生時人還在旅遊，民眾就大加撻伐——能力強，上班時間認真工作就好，連下班後做什麼你都要管，這樣只會逼走真正有才幹的人！歐美的總統該休假就休假；柯林頓在白宮偷情，民眾依舊肯定他的貢獻……用人唯才，尊重每個人的隱私，是當代公民應有的素養。

病態共生深植人心，讓原本彼此不涉、獨立自主、清爽自由的靈魂，用重重鎖鏈相互綑綁。共生者心中一本本牢不可破、刻在鋼板上的劇本，把自己、把最關愛的人，逼向絕境。

相對的，第四種忽略型父母，則是與孩子的距離過度遙遠……不願意傾聽、體會孩子的喜怒哀樂，不願參與孩子的人生，讓孩子在孤獨、失望、缺乏肯定的劇本中長大。

健康的親子關係，應該是把握距離、相互尊重。自己先打理好自己，然後以適量的、正向、健康的部分，相互重疊與互動。這樣，你就不會動不動就牽拖「孩子讓我心情不好」——可以平心靜氣，將時間精力回歸到過好自己的人生。孩子的人格也才能適性發展、獨立自主、成長茁壯。

孩子如何自保？

談完了父母，再來說說孩子這一端。面對不適任的父母，孩子通常會以四種方式來因應：

一、吸引注意：父母讓我不舒服，或是忽略我，我就想盡辦法吸引父母的注意。例如：刻意表現、耍寶、故意說髒話或講一些偏激的話、重複說謊、刻意製造問題等。

二、權力鬥爭：這個狀況很常見，最早在一歲多的孩子身上就可以看到，例如你叫他不要動的東西，他偏偏要摸；你要他往東，他偏偏往西；穿著打扮特立獨行；偏偏要選填父母不認同的志願；交往父母不認同的友伴等。但是需注意，適當的權力鬥爭，即：「正常的叛逆」，反而是孩子邁向獨立的重要基礎。

三、報復：父母讓我不舒服，我就直接攻擊回去。例如：辱罵、破壞東西、欺負弟妹等。我曾經遇過一個沉迷網路遊戲的亞斯伯格症少年，只因父親切斷網路，半夜就拿了一根鋁棒，將父親的進口轎車砸個稀巴爛！另一種報復比較隱忍與智慧化，例如刻意認真讀書，最後申請出國留學，之後即以種種理由不再回家探視父母。

四、被動攻擊：我沒有勇氣對抗你，所以只得用「我的失敗」來讓你不舒服。通常父母越在意的領域，孩子越容易出狀況，例如：越常被唸的錯誤越常重複犯；明明很聰明，成績卻一直不理想；一直生病導致無法上學；沉迷網路與電玩，不願讀書或工作；知道父母在意傳承，卻遲遲不成家或不生孩子等。

在孩子身上，你是否發現了以上其中之一甚至幾種不適當的因應模式呢？如果有，建議你把生活中事務的輕重緩急重新定位，將「改善親子關係」與「學習正確的教養方式」排在第一位——因為這是足以影響你的一生，而且黃金期稍縱即逝、刻不容緩的人生最重大議題。

「恰如其分的父母」有客觀標準嗎？

如何才稱得上是「恰如其分」的父母呢？

如果以「關愛」、「管教」與「指導」三個指標來呈現，這五種父母之對比如下：

圖表3：一張圖表，快速瞭解五種不同類型的父母！

	關愛	管教	指導	劇本
理智型父母	中	高	過高	一切照我的規劃，可以少走冤枉路，比別人提前達成成功與幸福！
情緒型父母	波動	高	高	你要知道我有多愛你！你不該忽視我的情緒！你必須以相對的愛回饋給我！
溺愛型父母	過高	低	中	我是最棒的父母，我要最好的……只要一切平安順利，你就會幸福！
忽略型父母	低	低	低	這個世界有什麼好？當初真不該生下你！別給我惹麻煩！
恰如其分的父母	高	中	低	你的人生是一場即興劇，如困走偏了我會提醒，其他的就給你自由發揮吧！我欣賞「如實的你」！

恰如其分的父母，對於子女的關愛度高、管教度中、指導性卻偏低，說明如下。

關愛度高：真正的關愛，絕對不等同於溺愛，更不是物質上任由孩子的予取予求。真正的關愛，可以定義為「看見並予以適當的回應」。面對孩子，不論是好事壞事，你是否會停下手邊的事情，以和煦的目光，與孩子面對面認真交流？對於孩子的表現與陳訴，你有沒有給予適當的情緒回饋？你是否偶爾甚至常常，與孩子只要交換一個眼神，就會有心照不宣、「我懂你！」的默契與歸屬感？

管教度中：孩子做錯時，適度予以管教。其他無傷大雅的小過小錯，可以選擇忽略，不須大驚小怪。想像小獅子與雄獅老爸相處的場景……雄獅會以極大的耐性，無視孩子的嬉戲與打鬧；但是小獅子一旦出現有可能傷害自己行為，例如傻傻地往一群鬣狗跑去，雄獅就會毫不猶豫地出手制止！

指導性低：兒孫自有兒孫福，每個孩子也都有自己的潛能與好惡。不要將自己的經驗、價值、理想，甚至人生的缺憾，強加到孩子身上……過多的指導，其傷害性實不亞於家庭暴力！也就是說，恰如其分的父母，不會為孩子編寫一個理想的人生劇本，不會沉迷於擔任孩子生命這齣戲的導演。

恰如其分的父母，不會將自己視為孩子的「所有者」，而是無時無刻不感謝子女參與自己的生命，更珍惜自己有這個榮幸參與孩子的生命。仔細想想，在無垠的宇宙、無數的智慧生靈中，有另一個生命，承繼著我們一半的血脈，無條件的眷戀著我們、愛著我們，這是多麼令人感動的事情。

想要孩子健康快樂地長大，實踐獨一無二、發光發熱的生命……這時候，「無知」與「好奇」就是最好的美德。欣賞孩子的即興演出，尊重孩子「自我實現」的本能，讓孩子一步一步譜出自己專屬的未來，這是多麼令人期待的事情。

改變親子關係，從改變對話方式開始！

如何做個「非導演」、「恰如其分」的稱職父母呢？很多人會覺得無從下手，沒關係，我們不妨從最容易的「改變對話方式」著手。

把導演式、命令式的語句，替換成「開放式」、「接納式」的語句：

「快來吃飯！」⬇「誰肚子餓了，想吃媽媽辛苦做的、熱騰騰的美味大餐？」

「功課寫完了沒？」⬇「大家都完成今天該做的事情了嗎？」

「過來幫我！」⬇「誰是小幫手？」

「天冷了，趕快把衣服穿起來！」⬇「你好強壯，都不會冷喔？」

非不得已必須做決定時，也盡量改用「二選一」的方式：

「聽我的，你穿這件比較好看！」➡「白色大方、紅色活潑，你想選哪一件？」

「不要再打電動了！」➡「小明，你想再打三十分鐘然後休息、還是十分鐘就休息，我們還有時間一起吃個冰淇淋喔……」

「你越來越胖了，起來運動！」➡「阿志，如果下午天氣不錯，你想要跟老爸打籃球，還是全家一起去爬爬山？」

許多為了孩子的問題來醫院求助的父母，都會不禁感嘆：「為什麼孩子什麼都不願意和我說？」同時十分不解，為什麼同樣的問題不能和父母討論，卻能夠與心理師侃侃而談？其實，心理師所接受的基本訓練，就包含「開放性」、「接納性」的互動方式。

孩子遇到困難或有所需求，主動向父母說些什麼，例如告狀、求救、澄清、分享，或是回答你所問的問題時，許多父母會基於「人生過來人」的身分，迫不及待地給予評論或是回應。

放學後，小明渾身髒兮兮、臉龐與四肢還帶著一些擦傷，氣呼呼地回到家裡……

媽媽（驚訝與不捨）：「小明，你怎麼了？發生什麼事情？」

小明還在強烈的情緒之中，一言不發……

媽媽：「沒有關係，什麼都可以跟媽媽講……媽媽會聽你說、不會責怪你的……」

小明遲疑了半晌，終於吞吞吐吐地說：「我剛剛在學校和阿毛……打架了……」

媽媽（勃然大怒）：「打架！打什麼架！送你去上學，是要你去讀書的、還是要你去打架的？媽媽不是跟你說過幾百遍了，如果別人找你麻煩，一定要跟老師說嘛！你怎麼老是不聽，讓媽媽這麼操心……說！是不是又是你先挑起的？你跟阿毛總是打打鬧鬧，就為了一些雞毛蒜皮的事情！我一定要跟你們老師講，叫他教訓你！你說啊！到底發生什麼事情？平常不是挺能說的嗎？說啊！你啞吧了嗎？我真是命苦，家事做不完，你們還要整天出狀況讓我操心……（搖頭、哭泣）」

請問，如果是你，下次發生什麼事情，你還會願意和媽媽說嗎？成長過程中，有太多次只是說些什麼，就會被父母「噴得」體無完膚。這也是為什麼，大多數孩子到了某個年齡，就再也不願意將發生的事或心裡的話和父母傾訴的原因。

為什麼一有事情，父母就會忍不住，像機關槍一樣說個不停？

一方面，是因為「情緒」——擔心、難過與不捨，讓父母情緒潰堤，化為言語，一發不可收拾……所以，「天下父母心」，孩子一定要對於父母言語背後的情感，多一點察覺與體諒。

另一方面，就是因為「導演症候群」了——孩子發生問題，就是演員「不照劇本演出」，這是何等的大事。所以父母這位導演一定會想要趕緊了解問題，並且讓一切儘快回歸正軌。

就是這樣直覺式的互動習慣，反覆製造不舒服的感覺……不論最終問題是否解決、演員是否回到劇本，你都只會打壞親子關係、把孩子越推越遠。

如何才能像專業的心理師一樣，採用「開放性」、「接納性」的言語，讓孩子願意打開心扉、溝通無距離呢？以下，提供幾個簡潔的句子，可以視情境自由使用喔：

「原來如此……」

「喔……我知道了……」

「這樣我就了解了……」

「謝謝你告訴我……」

「謝謝你與我分享……」

「我可以體會這種生氣（難過、挫折、害怕、緊張、失望……）的感覺……」

套用以上的例子：

放學後，小明渾身髒兮兮、臉龐與四肢還帶著一些擦傷，氣呼呼地回到家裡……

媽媽（驚訝與不捨）：「小明，你怎麼了？發生什麼事情？」

小明還在強烈的情緒之中，一言不發……

媽媽（先調整一下自己的情緒）：「沒有關係，什麼都可以跟媽媽講喔……媽媽會聽你說、不會責怪你的……」

小明遲疑了半晌，終於吞吞吐吐地說：「我剛剛在學校和阿毛……打架了……」

媽媽（和煦的表情）：「原來如此……」

小明：「我不是故意要和他起衝突的，是阿毛先動手的……我也很生氣，才和他打了起來！」

媽媽：「我可以體會這種不舒服的感覺……」

小明：「其實，只是因為我急著要去上廁所，不小心撞到他……我們打完後，老師有處理，要我們彼此向對方道歉……」

媽媽（點頭微笑）：「小明，謝謝你願意和我分享，這樣我就知道發生什麼事情了……傷口會不會很痛？媽媽帶你去清理一下……」

你看，一切是不是都很順？這樣接納性、開放性的會談方式，是不是讓孩子覺得很有安全感、親近感，今後也會更願意和你分享生命中的點點滴滴、傾吐一切心事？

親子溝通，首重破除「無所不知」、「咄咄逼人」，甚至「惹人厭」的導演身分。建議以充分的尊重、好奇與欣賞，接納、理解孩子的體驗。要牢記，與孩子相處，「無知就是美德」，虛心以待，不預設立場，接受一切可能，孩子自然會和你敞開心扉！

「沒有獎勵也沒有懲罰」是最好的教導？

孩子出狀況時，是教養的關鍵時刻，因為在孩子的成長過程中，這都是深植於記憶庫的「要事」。一個一個「要事」所帶來的經驗及感受，與體悟到的心得，形塑出孩子的性格，也就是孩子未來如何與生命中相遇的人、事、物互動的依據。也就是說，每次事件中你的處置合宜與否，比考試成績、技能、才藝，更能夠決定孩子的命運。

許多父母，在問題發生時，當場的反應常常是批判（貼標籤）與建議（說教），甚至喜歡當檢察官調查真相。例如「你在騙人！我聽到的根本不是如此！」、「說！到底是誰先動手的！」、「你就是喜歡以大欺小！」、「你不去惹他不就沒事了嗎？」這些對話，對於孩子「從問題中得到學習」，毫無幫助，只會激發情緒，同時混淆孩子的自我認同（媽媽說我很衝動，也許我真的是一個糟糕的孩子吧）。

很多父母為了孩子喜歡找藉口，甚至愛說謊而苦惱……記住，「症狀」之所在即「需求」之所在。你可曾想過，孩子找藉口、說謊話的動機是什麼？

藉口與說謊背後的動機，不外乎得到獎勵與逃避懲罰。所以，杜絕藉口與說謊最好的方法，就是「沒有獎勵也沒有懲罰」。

孩子表現不錯時，只要摸摸他的頭，告訴他：「看來你真的很認真喔！」就可以了。因為你要強化的，不是這個好的結果（例如考試滿分），而是他在過程中的付出與努力。一味強調結果（例如考一百分，獎金一百元），會讓孩子患得患失，甚至最後不擇手段

（例如作弊）以達成你所要的結果。

第二種很棒的嘉許，是肯定孩子對於外界人、事、物的連結與正面影響。例如孩子與家人一起爬山，並且幫忙揹東西，你可以說：「還好你一起來了，真的幫我們分擔了不少工作」；孩子主動整理房間後，可以說：「我要謝謝你，因為你辛苦一個下午，讓我們的家更整潔了！」因為，鼓勵孩子與身邊的人、事、物有更緊密的連結，讓孩子相信自己可以隨時參與家庭與社群並且做出貢獻，這是提升自信心與歸屬感的最好方法。

還有一個許多心理學家更為推崇的回饋金句：「你是如何辦到的？」只有短短七個字，卻價值萬金！因為，當問出這句話時，你就會看到，孩子的眼睛放出光芒，喜悅地訴說自己的優勢（我的專注力有進步喔！）、在過程中做了什麼，採取了什麼有效的方法（我這一次寫完考卷，有認真檢查三次喔！），或是值得感謝的人（要謝謝教練一直鼓勵我啊！）你看！只要常常問這七個字，就可以不斷強化孩子這麼多正向的特質與思維習慣，真是一本萬利啊。

所有對於孩子的鼓勵，最終的目的都是養成孩子「自我鼓勵」的習慣。因為，孩子總會長大，總有一天，他的行為都要由自己決定，再也不會有人動不動就給予獎勵了。

停止打電動是自己的決定、要不要出門運動由自己決定、交什麼樣的朋友由自己決定、選擇哪個科系由自己決定、要不要認真讀書由自己決定、生涯如何規劃是自己的決定、要不要結婚由自己決定、要如何對待家人也是自己的決定。

所以說，父母的職責，就在於讓孩子早日養成「自我鼓勵」、「自己做決定」、「自主行動」的習慣。為了如此，每次孩子有不錯的表現，不妨加入「你自己是不是也很開心？」這句話；讓「自己覺得不錯」，成為孩子最大的動力！

至於懲罰，隨著孩子逐漸成長，重要性與有效性會越來越低。孩子所有的行為，都必須面對「自然後果」與「干預後果」。例如玩弄電插座，「爸爸打手心」是你干預下的後果、「孩子被電到嚇一跳大哭」則是自然而然會發生的後果。遲遲不來吃飯被媽媽罵，是干預後果；太晚上餐桌，好吃的被吃完了心中難過是自然後果。早上遲到被老師罰站，是干預後果；遲到進教室時心理上的羞愧與焦慮，是自然後果。

可想而知，隨著年齡增長，尤其出社會後，干預後果會越來越少。孩子需要面對的，幾乎都是自然後果。學歷差起薪就比較低、貪吃不運動就會變胖、太晚睡覺上班就會沒精神、脾氣差就會沒有朋友……既然最終都是以自然後果為主，為什麼不提前讓孩子認清這個世界？人生多艱困。應該是父母與孩子聯手面對，而不是顛倒是非，由父母製造一堆干預後果啊。

干預後果有一個大問題，就是讓孩子不舒服的是「你的干預」，而非「行為的後果」。久而久之，孩子學到的將是「討厭你」，而不是「減少不當的行為」。

此外，如果凡事懲罰掛帥，孩子最終會養成的，也可能不是良好的品行與道德，而是「逃避懲罰的本事」。總之在你的介入之下，如果孩子的問題仍然反覆出現，改變作法就是刻不容緩的一等一大事！

超級好記、好用的「事情要做」會談法

為了方便記憶，我歸納出一個：「事情要做」會談法，可以讓孩子在不論好事還是壞事中，都可以獲得接納與尊重，得到正面的體驗與學習。

事：「發生什麼事情？」只要聆聽孩子的陳述，鼓勵孩子多說一些，不需要判斷真實性及是非對錯。主要目的，在於第一時間了解問題的程度，以及是否有需要立即處理的狀況，例如有沒有人受傷。另一個更大的目的，就是讓孩子學習充分陳述、表達自我。因為「沒有獎勵也沒有懲罰」，所以孩子也不需要找藉口或是編造謊言。

情：「你覺得怎麼樣？」讓孩子學會判讀與表達自己的心情與感受，這是提升EQ的

重要練習。許多父母習慣於否認孩子的感受，「男孩子，不准哭！」、「這有什麼好在意的？」這樣都會讓孩子的情商發展受阻，學到對於自己及他人的情緒與感受麻木，也就是缺乏同理心！

這邊有一個小技巧，也就是年齡越大的孩子，父母可以鼓勵表達更細微的感受。例如幼兒園的孩子可能只會有痛、不舒服、生氣、難過等基本感受；如果是高年級的孩子就可以引導他表達出焦慮、不受尊重、沒面子、孤獨等更精準、更細緻的感受。

更重要的是，「處理問題前要先處理情緒」；鼓勵孩子說出感受並給予同理，讓孩子充分接收到自己是有人關懷的——這件事本身就可以發揮極大的情緒安撫功效！

要：「你想要的是什麼？」幫助孩子澄清真正的動機與目標。你相信嗎？孩子的行為，不論好的還是壞的，其「出發點」，通常都是正向的、也是未來人生需具備的。例如「哥哥搶弟弟的玩具」，真正的出發點是「壯大自我」，這與「爸爸經營公司賺大錢」的動機沒什麼不同。「同學笑我，所以打他」，出發點是「捍衛名聲與尊嚴」，這和「政府開記者會澄清社會大眾誤解」的動機也是一致的。

所以說，幫助孩子瞭解自己真正的、正向的動機，並且不斷強化而不是抹煞這些逐步發展中的、正常的、正向的動機，是父母的重要職責！

做：「所以，接下來該怎麼做？」肯定孩子的正向動機後，就可以和孩子討論，如何才是最OK、最有效率的版本？只要孩子知道利己也利人的最佳解決方案，就不需要再用錯誤的方式來試圖達成目標了。這個新方法，通常是更有創意、更有效率、感受更好、或是更有趣的。例如，被同學嘲笑肥胖時，用「我家的體重計昨天也跟我抗議……」讓大家哄堂大笑，來取代淚奔或是一拳揮過去——充分展現雅量與幽默感，同時贏得同儕更多的讚嘆。

如果孩子提的是不OK的作法，這時，不需要糾正或辯論，只要回到前一個步驟「要」即可。「這樣做可不可以讓你得到你想要的？」充分尊重，通常孩子幾次之後自然可以做出正確的評估與決定。

在執行「事情要做」會談法時，有的孩子老不吭聲怎麼辦？這個情況其實很常見，因為孩子有情緒時，常常是不願意開口的。這時候，可以試試下面這一段話：「這樣好了，我先幫你說，如果不對，你再糾正我喔……」只要用心感受，你的揣測常常都是八九不離十。即使不對，甚至錯得離譜，孩子通常就會忍不住說：「不是這樣的，其實是……」如此，話匣子不就打開了嗎？

以下，用一個範例，說明「事情要做」會談法的威力：

小明在地上堆了一個積木城堡，年幼的弟弟小華十分喜歡，忍不住一碰，整座城堡垮掉了一部分，小明激動下打了弟弟……媽媽及時阻止後進行會談。

媽媽：「發生了什麼事情？」——「事」

小明：「弟弟不乖，弄壞我的城堡！」

媽媽：「你現在覺得如何？」——「情」

小明：「我很生氣！」

媽媽：「我可以體會這種不舒服的感覺……」（給予同理）

媽媽：「你想要的是什麼？」——「要」

小明（仍十分生氣）：「不知道！」

媽媽：「媽媽幫你說看看……你是不是想要保護你的城堡？」

小明：「對！」

媽媽：「『保護自己辛苦的成果』，這是很棒的事情喔！我們住的社區有警衛，爸爸的車子停在外面也要上鎖，這是大人每天都會做的事……那麼，為了保護好你的城堡，你覺得可以怎麼做？」——「做」

小明：「把弟弟關在房間裡！」

媽媽：「再想看看，有什麼更有效，也不會讓弟弟不舒服的方法？」

小明：「我想到了，我可以在餐桌上蓋城堡，這樣弟弟就爬不上來了！媽媽，我可以在餐桌上蓋城堡嗎？」

媽媽：「小明你真有創意，想到這麼有趣的方法！你先試試看效果如何，媽媽也去和弟弟談一下……」

小明：「好啊！我先蓋城堡……等我完成了，你再帶弟弟來參觀喔！」

是不是很簡單！不須大動肝火、不須花時間調查真相、更不需要懲罰；既提升了孩子的自尊與自信，也讓孩子體會到自己能夠有效地解決問題，同時顧及別人的感受——養成尊重他人、動腦筋而不是動拳腳的習慣。

胸有成竹、喜迎挑戰！

許多父母親，對於孩子的教養，能逃避就逃避，甚至我有遇過聽到孩子尖叫、大哭，就會抓狂甚至崩潰的母親；更不乏每天下班就躲在房中，寧願打電動也不願陪伴孩子的父親。其實，追根究柢，主要原因就是「不知道如何帶孩子」。

半夜三更，你還在努力趕報告……如果電燈突然壞了，而你又對於水電維修一竅不通，一定會十分沮喪。

但是，如果你擅長修理水電，家中又有備用燈泡，你的感受會截然不同！只見你自信滿滿，立即上前處理，幾分鐘後問題解決，燈具與自己的成就感，同時都大放光明。

以前我不喜歡與狗互動，家中又老是有養狗，所以面對所有「狗事」我是避之唯恐不及。後來機緣巧合，我觀賞了一集國家地理頻道的《報告狗班長》節目；我發現，主持人西薩・米蘭（Cesar Millan）訓犬的方法，居然與心理治療有異曲同工之妙！從此，我迷上了這個節目……學會越來越多新方法之後，對於家中的狗，我的態度也逐漸產生變化。迫不及待地，我每天都想和狗兒互動，驗證各種訓犬技巧。狗兒出現隨處大小便、亂吠、亂咬東西等問題時，因為知道背後的原因與有效的因應方案，我也信心十足，每每躍躍欲試——接納狗兒的問題，也積極參與狗狗的成長。

不斷學習，了解原理與方法，會讓你對於教養更有動機與信心，不會缺席孩子寶貴的、只有一次的成長故事。

如何幫助身邊有導演症候群的人？

哪些人深陷導演症候群而不自知？

閱覽此書時，我相信很多人的腦海中，都會不斷萌生一個強烈的想法：「真是太貼切了！□□□真應該好好讀一讀這本書！」

空格中的，可能是您的父母，可能是您的子女，可能是您的親朋好友，可能是您的主管。當然，最有可能的，是您的另一半。

李太太憂心忡忡地來到診所，一坐下來，就表明此行的目的，不是為了自己的問題：

「我的獨生子阿寶已經小學四年級了……從幼兒園階段開始，就不斷有老師反應他的社交互動很少，不太看人，注意力的重心和其他同學都不一樣。有時我行我素，會專注在自己的世界。如果加以提醒或糾正，就會大哭或是激動。隨著年齡成長，阿寶這樣固執、孤僻的傾向，越來越嚴重，激動時甚至會傷害自己……」

「這樣照顧起來確實會很辛苦，阿寶學齡前有做過早療嗎？」我問到，因為在臺灣這是很普遍、也很重要的資源。

「幼兒園老師，甚至小兒科的醫師都曾經提醒，但是我先生堅決反對……所以到目前為止，阿寶都還沒有接受過任何醫療或是心理評估……就連今天，我都不敢把阿寶帶來看診，深怕被他爸爸知道了，會大發雷霆……」李太太含著淚說。

「就你所知，你先生不願意阿寶接受協助的主要原因是什麼？」

「我先生說，自己小時候也是這樣的個性，長大後還不是好好的……早療、特教，甚至醫療，都是『有病的人』才需要的，自己的孩子沒什麼大不了的問題，為什麼要讓他留下不好的紀錄？」據悉，李先生是科技公司的主管，一直以來在學業、事業上的表現都十分出色。

「他還說，自己查過很多資料，有方法可以讓阿寶改善……但是，他所做的，只是對著阿寶念一堆大道理，不然就是買一些昂貴的營養品給阿寶試吃，如果沒效就丟在一邊……」李太太皺著眉頭，十分無助與無奈……

阿寶有明顯的自閉症或亞斯伯格症傾向，雖然出自高社經的家庭，卻沒有機會接受妥善的醫療、復健與特殊教育，因此錯過了改善的黃金期。這樣的例子在臨床上屢見不鮮。某位家人心急如焚，積極尋求專業協助；另一位家人卻是自有一番道理，要麼扯後腿、要麼採用一些自以為是的「謬方」。

換句話說，這些人，深陷導演症候群而不自知。明明有方法解決問題、讓人生更美好、讓周遭的人更幸福，卻仍堅持以不合時宜的劇本，讓這齣戲繼續演下去——這些人，最難改變、卻最需要改變，改變後的成果也最為動人。

在開始探討這一個難題前，我們先來做一個測驗。此測驗只有一個簡單的問句：

你會認為「多久前」的自己，至少在某方面上算是錯誤或是無知的？

進一步解釋——每個人都曾經有覺得自己「好傻、好天真」的時候；在你的印象中，覺得什麼時候的自己，至少在某個領域，可以算是好傻、好天真？

用直覺回答即可，不用想太多。

OK……時間到，你的答案是？

出社會的人，往往會覺得自己學生時代很無知；情傷的人，會覺得自己在「認清那個人的真面目」之前、還在做著美夢的時候很無知；生意失敗的人，會覺得自己當初滿腔熱血時很無知……甚至有人會說，「小時候的我」很無知，長大後就很少犯錯了。

我將這個問題的答案，稱作「今是昨非指數」，或是簡稱「無知指數」。你覺得，這個指數是，越大越好，還是越小越好？

直覺上來說，好像一個人越成熟、越睿智，應該會覺得好傻好天真是很久以前的事……但是和許多人想像的不一樣，這個「無知指數」，絕對是越小越好。

因為，如果有很長的一段時間，你都覺得自己在各個領域都是佼佼者、對身邊的一切瞭若指掌、也沒什麼需要虛心學習……對不起，這只證明，你的問題非常之大。

一個可能，是你已經過度自滿，大腦「滿到」裝不下任何東西了。

另一個可能，是你的大腦已經僵化了，缺乏伸縮自如的彈性與柔軟度。

以導演症候群的觀點來詮釋，就是你在人生的諸多層面都已經認定一個最OK的劇本，不想再接受其他任何增減、更動，更遑論全盤翻新！

聰明的你，聽過「達克效應」嗎？

心理學上的研究，顯示出一個更為殘酷的事實。之所以你會認為自己無所不知，最大的可能，就是「你沒有自己想像的那麼聰明」。

美國心理學家大衛·唐寧（David Dunning）與賈斯汀·克魯格（Justin Kruger）在一系列的研究後，於一九九九年發表了達克效應（Dunning-Kruger effect，簡稱 D-K effect）。

達克效應顯示「在某一方面能力不足的人，通常會高估自己在這一方面的能力。」換句話說，「在某一方面能力不足的人，通常都無法察覺自己在這方面的無能！」用更白話來說，就是：「無知的人會因為缺乏自知之明而自我膨脹。」這是多麼警世的一個結論啊。

運動、棋藝的初學有成者，都會覺得自己已經十分厲害。直到遇到真正的職業級高手，才知道人外有人、天外有天，差了人家不知好幾里。

半調子的投資者，會覺得自己熟悉整個產業，選股精準、進出頻繁。股神巴菲特及其老搭檔查理·芒格，是大神級的人物，卻永遠謙稱自己不懂電子、不懂網路，僅了解民生股、金融股，而且持股週期極長。

醫學上也是如此——會向你保證「包醫」、「藥到病除」的醫生，大多學藝未精、虛有其表，甚至根本是密醫。真正學養兼具的「明醫」，通常都是行事謹慎，會再三考量各種細微的可能性。

無知的人，會有莫名的自信與固執；越是一知半解的人，往往越是熱血沸騰……這在群眾運動中，屢見不鮮！事實卻是：當你覺得自己知道一切，並且大聲喧嘩時，通常就代表你的所知十分有限。

歷史上最有智慧的人，早已洞悉這個現象：

孔子：「知之為知之，不知為不知，是知也！」

莊子：「吾生也有涯，而知也無涯。以有涯隨無涯，殆已；已而為知者，殆而已矣。」

北宋黃庭堅：「士大夫三日不讀書，則義理不交於胸中，對鏡覺面目可憎，向人亦語言無味。」（一般簡化為：三日不讀書，便覺語言乏味、面目可憎。）

蘇格拉底：「我只知道一件事，就是我什麼都不知道。」、「認識自己的無知就是最大的智慧。」

達爾文：「無知比知識更容易招致自信！」

美國幽默作家喬許・畢林斯（Josh Billings）：「『無知』並不會帶來麻煩，『你以為你知道』才會！」

俗諺：「半桶水響叮噹！」

我也是在臨床診療及心理治療的經驗中，發現如果保持未知的態度，不斷吸收新知，就可以一直察覺自己的不足之處，更常常慶幸現在的助人能力比前些日子更上一層樓了。反之，如果疏於學習，就會志得意滿，覺得自己醫術精湛，甚至在療效不佳時都歸咎於患者自身動機不足……

所以說，如果你覺得去年的你、上個月的你，甚至昨天的你很無知……恭喜你！你已經擺脫桎梏自己的導演症候群，具備讓人生更成功、更幸福的正確態度了。

讀者一定覺得很奇怪，講到這裡，為什麼還沒提到主題「如何幫助身邊有導演症候群的人」呢？

人要如何才能最有效率地改變別人？

解決問題時，我喜歡「以果尋因」：也就是在現實世界中，找尋已經成功的範例，再探詢當初一步步達成的方法；甚至請教過來人，詢問他是如何辦到的。這是最可靠，也最有效率的一種思維模式。

所以說，要回答以上的問題，不妨想想現實世界中，誰「幫助別人改變」的能力最強？

沒錯，大家一定會想到，以「幫助人改變」為職業的人，他們的這項能力通常沒話說……所以說，我們不妨推敲一下，包括心理師、社工師、特教老師、職能治療師等專業助人者，他們的能力是從何而來的？

也許有人會說，這些專業者為什麼能夠幫助人改變，主要就是因為「專業」二字。而這個專業，是我們學不來的。

的確，助人專業如茫茫大海，門派眾多，我們無法一一涉獵，更遑論深入學習。但是，我所要說的，是更為核心、更根本、更源頭的事情。

大家不妨想想，有一種身分，不需要任何的心理專業，甚至什麼都不用做，就可以幫助人做出改變……而且還有機會可以一次改變許多人。

很難猜吧？

答案揭曉，這種身分，就是宗教中的神、佛、菩薩。

神、佛、菩薩端坐壇上，甚至連形象都沒有，為何可以幫助人？

有人說，是因為高大上的形象，有人說是因為群眾效應，更有人覺得是自身「信仰」的力量。

我認為這都不是主因。事實上，不論是專業助人者，或是神佛菩薩，其改變人更根本、更核心的主因、其力量的來源，其實是「先讓自己做出改變」。

人只能藉由「改變自己」改變別人

別懷疑，周邊的人，之所以可以成功改變，是因為「我們自己」先改變了。

你希望屬下改變，你必須自己先改變，重新贏得屬下的敬重！

你希望孩子改變，你自己先要有更大的轉變，言教不如身教！

你希望另一半改變，你要先有一百八十度的華麗轉身大改變，重新讓對方尊重你、愛上你！

你必須率先脫離導演身分，拋棄、甚而超越劇本，示範真正的豁達與自由，才能讓你所關心的人刮目相看，進一步有動機起而效法。

「腹中有書氣自華」……你一旦開始學習與成長，情緒、表情、氣色甚至姿態自然不同，周邊的能量與磁場也會逐步產生變化，進而對周遭的人發揮微妙的影響力。

神佛菩薩，無一不是經由自身的修持與作為，成為足以教化人心的典範。專業人員，也是經由不斷的學習、累積經驗與修正做法，讓自己的一言一行甚至身心靈逐漸產生巨大轉變，才能成為高效的助人者。

就連前面提到的世界知名訓犬師、報告狗班長節目主持人西薩．米蘭，都說自己大多數時候訓練的是主人，而不是狗。「矯正狗兒從改變主人開始！」

所以說，結論就是，如果想要改變別人，不論你要改變的是誰，都建議從「改變自己」開始。不論讀好書、聽好課、參加工作坊、學習一個新技能、提升穿著打扮，改變一個生活習慣、還是僅僅只是改變表情、姿態、說話方式……都有可能催化出不同，創造改變的契機。

重要的是，只要確實執行，你就立於一個不敗之地。要麼他會因你而改變，即使對方沒有改變，你也已經全然不同！這在後面的章節中，有充分的案例呈現。

如果還是不行，也別心灰意冷，不妨找個機會，送他一本《導演症候群》。即使只是因為一時的好奇翻看此書，都要恭喜你……因為，劇烈的改變有可能就此萌發！

案例篇

我付出這麼多，為什麼他還會愛上別人？

「我一直相信，我們會白頭偕老……」

不論門診或是心理治療，「感情問題」常常是排名數一數二的來訪原因。

阿玉與男友志明交往已經七年，他們是大學的同班同學，因為實驗常常排在同一組，相見恨晚、日久生情，終於走在一起。深入交往後，彼此的默契越來越好，阿玉覺得男友似乎像家人一樣，可以包容、理解自己的一切，甚至包括自己偶爾的壞脾氣。和男友在一起時，阿玉覺得特別放鬆，可以自由自在地做自己。

研究所畢業後，兩人一起租了個小套房，志明進入竹科成為電子新貴，阿玉則在一間法律事務所服務。阿玉的工作朝九晚五，下班後就忙著打掃、做家事。偶爾煮一桌好菜，放個電影或電視劇，與志明享受兩人世界。阿玉想像與志明成家後，生活應該也是如此吧。如果多了個孩子，一定會更熱鬧、更幸福。志明喜歡身材窈窕的女生，阿玉也為了他上健身房，在半年之中，減掉了十多公斤。

這半年來，男友常常加班到特別晚。雖然相聚的時間變少了，阿玉卻十分欣慰；因為男人有事業心，總是不錯的事。

有一天，志明進浴室洗澡，手機放在茶几上。阿玉過去對於兩人的關係十分有信心，覺得彼此之間容不下一粒沙，對他非常信任。今天，一股從未有過的強烈直覺與好奇心，驅使阿玉忍不住探看一下男友的隱私。

這一看不得了！男友手機通訊軟體的談話紀錄中，居然有一位代號「小A」的女生，和男友有大量的曖昧簡訊。

阿玉頓時覺得昏天黑地、無法動彈——她不敢相信老實木訥的志明，竟然有可能劈腿了。彼此長期穩固的情感，竟然生變了！更可怕的是……也許自己就像個傻子，一直被蒙在鼓裡，而這個騙局可能已經持續好一陣子了。

阿玉忍不住痛哭起來……男友從浴室出來後，很快地察覺到一切，兩人為此大吵一架……最後，志明憤然出門，寧願在公司睡一覺，也不想和失去理智的阿玉共處。

阿玉一人在家中，整夜哭泣。腦海中想像志明不是去公司，而是逕奔小A的住處，兩人享受溫馨甜蜜，甚至一起咒罵、訕笑自己……

在阿玉幾次激烈的逼問下，志明承認小A是公司同事；兩人在業務上的往來比較密切，所以下班後還會用通訊軟體討論一些公事。曖昧的簡訊只是彼此開開玩笑，紓解一下工作上的緊張氣氛。

阿玉對此自然不可能相信……依照女人的直覺，她覺得男友跟對方已經交往超過一年，甚至早就在規劃如何擺脫自己這個眼中釘。

阿玉每天以淚洗面，腦海中不斷出現過去相處的點點滴滴。情緒低落、夜不成眠，甚至影響白天的工作。同事建議下，阿玉來到我的診所。

看診時，阿玉依舊一把鼻涕一把眼淚，對於男友背叛自己這件事情充滿悲憤，幾乎無法打斷她鉅細靡遺的傾訴。

我問阿玉：「對於這件事情，妳最在意的是哪一點？讓你最不舒服的是哪一個癥結？」

阿玉一時愣住了……這整件事情不都是一場悲劇嗎？還有什麼癥結點是最關鍵的？在我的鼓勵下，阿玉理了理頭緒，說：「我付出這麼多，他怎麼可以這樣對我！」

「很棒，還有呢？」

「我一直相信，我們的關係如此穩固，一定可以白頭到老。結果……發生這麼晴天霹靂的事，叫我如何能接受！」

「所以說，在妳的腦海中，一直有一個『劇本』……這個劇本，是關於兩個相愛的人，順順利利、『從此過著幸福快樂的日子』的一齣愛情喜劇。」

「沒錯啊……這樣有什麼問題嗎？」阿玉不禁疑問。

「有夢想是人之常情，所以不會有錯……但是問題在於，如果一旦劇情不照既定劇本發展，有些人就全然無法接受，出現極大的情緒反應……我把這樣的現象，稱之為『導演症候群』。」

「確實，在過去的人生中，我有好幾次都是因為事情發展不如意料，心情就掉到谷底……」阿玉點點頭道。

「對啊……連國父都曾說過，『人生不如意，十常八九』；如果十之八九的時間都不快樂，人生豈不是太辛苦了？所以說，『不如意』反而是常態，即使是真實世界沒有照自己的劇本演出，也不需要有太多負面的情緒。」

「這樣不容易吧……真的有人可以做得到嗎？」

「如果大家都可以看清楚『真實世界的樣貌』，就不難做到喔……」

「『真實世界』長得是什麼樣子？」阿玉露出疑惑不解的神情。

「喔……真實世界是，沒有人會因為『順利』就得到幸福！」

「我迷糊了……『順心如意』不是大多數人的願望嗎？」

「沒錯……但是多年的心理學研究，發現事實全然不是如此。研究顯示，單純的好事情，帶給人的快樂十分有限且短暫。即使是『中樂透』這麼大的喜事，平均在兩週內，人們的快樂就消失了……還有，你看看一般人眼中最『順利』的人，有比較快樂嗎？住在皇宮裡是許多人的夢想吧？但是英國的黛安娜王妃、日本的雅子妃，都是在進入皇室後才罹患憂鬱症的。富二代、官二代、星二代，該是人生勝利組吧？可是你有沒有發現，這些含著金湯匙出生的天之驕子，好多人都問題重重，常常上社會新聞呢……」

阿玉似乎有些理解，想要多知道一些：「那麼……真正的幸福快樂，要從何而來？」

「這聽起來很像哲學問題……但是，心理學家確實有找到答案。」

「喔……我洗耳恭聽！」阿玉的雙眼透露出好奇。

「真正的快樂，目前發現至少有兩大來源。一是『心流』，二是『意義』。」

「光聽名字，覺得好難理解……」

「我用一個例子，妳很快就可以弄懂了。有一個木雕大師，盯著一塊木頭看了半天……突然有了靈感，於是拿起斧鑿，鏗、鏗、鏗地埋首工作……等到終於大功告成，抬起頭來，發現已經過了三天三夜……請問他累不累？」

「應該會精疲力竭吧……」

「沒錯，很累……但是看著自己的曠世巨作，卻超級開心！而且特別的是，這個開心並不是作品完成後才出現，而是整個過程中，都因為全然的『投入』，而萬分充實與幸福。這樣的過程，心理學家稱作flow，也就是心流。」

「喔……可以體會這樣的感覺。」阿玉點頭說。

「接下來，有一天，一位收藏家看到木雕大師的作品，覺得十分投緣，以五十萬元的高價收藏，請問大師會不會很開心？」

「當然啦！被人肯定，又有錢可以賺，應該很開心吧！」

「大師留下了生活費以及部分儲蓄，其他的錢，都捐給了自己十分支持的孤兒院。看著清苦的院童因而受惠，大師心中十分滿足……以上，做自己喜歡的事情，又可以得到肯定，稱作『自我實現』；以一己之力，讓世界更美好，稱作『貢獻』。『自我實現』與『貢獻』，都屬於『意義』帶來的快樂。」

「啊！『意義』與『心流』……這樣我就完全理解了……」阿玉的雙眼綻放出與剛開始會談時，全然不同的光芒！

「所以說，真正的快樂不會來自於男友對妳好，也不會來自於一切順利喔……如果從『心流』與『意義』的觀點，妳會如何重新譜寫妳的劇本呢？」

「噢……這需要思考一下……也許我在下班後，也會有自己的學習時間，而不是一直黏著男友……我會只問自己在關係中的貢獻，而不再把順心如意當作幸福……」

「說得真好！看來妳都學會了……再考妳一下……如果妳都照『心流』、『意義』的方向去做了，男友卻仍然劈腿，妳會怎麼做呢？」

「我是導演，我有權把他踢出我的新劇本！」阿玉篤定地說。

「哇！妳的領悟真是透澈得令人驚奇呢！」

媽媽想殺我！

「我的媽媽，曾經想要殺掉我！」

治療中，聽到這麼嚴重的指控，我不禁豎起耳朵……

「媽媽曾經跟我說，她是未婚懷孕；當時跟爸爸的感情很差，常常吵架……媽媽一度不想與爸爸結婚，甚至想要把我拿掉……所以，我一直認為，媽媽差點殺了我……」

阿凱神情嚴肅地說。

「每次想到這件事，你有什麼樣的感覺？」我問。

「難過……也夾雜了憤怒！」阿凱咬牙說道。

「你有跟媽媽或是其他人討論過這件事情嗎？」

「從來沒有……這種事情沒什麼好說的……」

「謝謝你與我分享這麼隱私的事情……這樣我就可以更了解背後的原委了。」

記得第一次被父母半哄半騙帶來診間時，阿凱滿臉煩躁與不悅。升上高一開始，阿凱毫無原因地開始出現無精打采、日夜顛倒、憂鬱、離群，甚至拒學，讓父母十分頭疼。更讓父母心痛的是，不知為何阿凱看到父母就如同見到仇人一樣，毫無耐性、充滿憤恨……

如何與「非自願」來訪者建立關係，進而發揮有效的影響力，一直是我們這些助人者最大的難題。

「阿凱你好，我是馬醫師。」

阿凱蜷縮全身，低頭盯著地面不發一語。

「我可以體會你不想要出現在這裡……但是很謝謝你還是出席了。知不知道你今天為什麼會來這裡？」

「不是我要來的，是那兩個人要我來的……」阿凱皺了皺眉頭。

「你已經大了，如果你堅決不要來，我想父母也沒辦法奈你何……所以，促使你最終願意出席的原因是什麼？」

「我想要知道，一直要我做我不想做的事情，到底是誰有問題？我還是他們倆個？」阿凱提高音量，向父母白了一眼。

「太好了，你想要了解些什麼、證明些什麼……這是一個不錯的開始喔！」

「老實說，我不相信你能幫到什麼忙！你千萬別逼我吃藥，或是接受什麼無聊的心理治療！」阿凱忿忿地望向我。

這很常見，有時孩子會遷怒治療者，甚至覺得治療者與父母是同一夥的。試著不與其辯論，我順著他的話說：「沒錯，確實我們的方法，主要就是心理與藥物兩種。」

阿凱抬起頭來：「如果不是發生『一些事情』，我也不會是現在這樣！」

「可以知道是哪一類的事情嗎？」我好奇問到，同時發現一旁的父母，也露出無奈、不解的表情。阿凱搖搖頭，不願回答。

「有可能，在某個平行宇宙中，因為沒有發生『那些事情』，所以你也可以活得快快樂樂的……」

阿凱聽了不置可否，但可以觀察到他很輕地點了一下頭。

「從另一個可能性來看，上天對你不公平，給你特殊的體質，讓你常常有不舒服的感覺。如果我們可以交換靈魂，你就可以體驗到，過日子原來也可以輕輕鬆鬆……服藥的目的，不是逃避現實，而是為了調節體質，重新帶給你平靜的感受，這樣對你才公平。」

阿凱似乎有些領悟，抬頭看了我一眼。「平行宇宙」、「交換靈魂」這些新奇古怪、電影中才有的情節，總是比大道理更能吸引青少年的注意力。

「總之，已經發生的事情不會改變，所以我還是覺得做這些都沒有用……」阿凱仍然堅守陣地。

「有一個問題，答案只有你知道——你今天來，是要證明自己會好，還是要證明自己不會好？」

阿凱不願開口，但是眼淚從眼角緩緩流下。

許多看似固執、不願改變的孩子，其實自己也痛苦萬分，內心不斷吶喊：「我也不想這樣！誰能幫幫我？」

這時，一位溫柔但堅定的專業人士，只要耐心通過青少年初期冷漠、刁難，甚至無禮的重重測試，就能取得信任，從此進入「工作期」的康莊大道。經過幾次晤談後，阿凱與我也終於進入工作期，於是有了一開頭驚人的談話內容。

「我可以分享自己對於這件事情的理解嗎？我的理解，可能跟大多數人接近，但是與你的看法卻完全相反。」我說。

阿凱抬起頭，露出不解的神情：「事實就是如此，還有其他可能性嗎？」

我慢慢說道：「我體會到的是，媽媽真的好在乎你、好愛你……所以不計一切代價，甚至賭上自己一生的幸福，都要生下你……」

「醫生認為媽媽是愛我的，而不是討厭我，甚至要殺了我？」

我點點頭。

「真的大多數人都會這樣想嗎？」

「應該是吧……如果身邊有信任的人，你可以問問看他們對於這件事情的感受。」

我接著說：「許多人心中都有一套或者幾套既定的劇本；也許不是事情本身，而是『你的劇本』讓你不快樂！如果是這樣，你還要繼續擁抱這個劇本嗎？」

幾個星期後，再見到阿凱時，遠遠就可以看到，他的臉上露出睽違已久的笑容。

阿凱分享道：「丟掉過去那個不OK的劇本，心情一下子豁然開朗起來……看到媽媽時，竟然不再有之前總會出現的難過與生氣……反而，突然覺得很感動……」

很高興，阿凱這麼年輕就能放棄導演身分，成為生命的「自由演出者」！

你也有「窩裡橫」的傾向嗎？

阿金在外面是彬彬有禮的好好先生，在家裡對太太、對孩子卻是十足的大男人，不但横行霸道，甚至不時衝動、施暴。這種「窩裡横（ㄏㄥˋ）」型的男人，其實在社會上十分常見。

有些人是因為他的父親即是如此，從小耳濡目染、有樣學樣。有些人則是在外面常常受到挫折，必須委曲求全；滿肚子不痛快，卻因擔心得罪外人，不敢隨意發洩。所以，只能在回到家後，轉移到最能包容自己的家人身上。如果此時家人也選擇忍氣吞聲，久而久之、變本加厲，就會成為一個令外人難以想像的雙面惡霸。

阿金覺得他在外面工作這麼辛苦，回到家裡，理應想做什麼就可以做什麼。所以，不只對於家人管東管西、頤指氣使；甚至一不如意，就會大呼小叫、摔東摔西。幾年前開始，還染上了酗酒的惡習，酒後情緒失控更加嚴重，而且身體健康逐漸走下坡，工作表現也大受影響。

家人對他越來越失望，在一次大醉下的「激情演出」後，家人終於覺悟阿金需要徹底的專業協助……於是，打電話報警，將他送進醫院。強制住院治療兩週後，身心逐漸平靜，我約定時間與阿金進行一場會談。

「你對於自己現在的人生，有什麼看法？」我問道。

一開始，阿金只是低著頭，什麼都說不出來。在我的鼓勵下，他娓娓道來……

原來，以上兩種型態他都有份。阿金的爸爸就是一個在家裡逞凶耍狠的惡霸，阿金不但是目睹兒（目睹母親被施暴），也是受虐兒（自己也常被父親拳打腳踢）。等到出社會後，由於唯唯諾諾的性格，也常被主管及同事佔便宜甚至言語霸凌。

從小到大滿腹委屈無處傾訴，最終都發洩到了家人身上……這還不夠，甚至還必須發洩到自己身上——所以，酒精就成為兼具「知己」與「懲罰者」的好伙伴。

「也許，在我的潛意識裡，就是希望這麼糟糕的人生，趕快結束算了……」

我問他：「人們常說『人生如戲』，如果生命可以重來一次，而你是自己人生的導演兼演員，你會想要導出怎樣的一齣電影？」

阿金想了一想，說：「面對那樣的爸爸，其實我最想要做的，是主持正義、挺身而出，保護媽媽與弟弟、妹妹。」

我說：「聽起來這是一個蠻棒的英雄電影。現在一切也不遲，你還是可以成為家人心目中的英雄喔。」

「真的嗎？」阿金抬起頭來。

「對啊！趕快把酒戒掉，你還年輕，身體的恢復能力不錯。職場人際互動不理想，換個工作也就得了……人與人之間，是講究緣分的，不需要勉強自己跟不投緣的人在一起。重點是，這是不是你真正想要全心投入演出的一場電影？」

阿金有些不確定：「我也想要讓自己變好，這也是家人的期望。可是，這樣的人生，聽起來就很辛苦，讓我覺得壓力好大。」

「沒錯，要做這麼大幅度的改變，難度確實蠻高的；而且，依你的個性，我相信也不喜歡走太規矩的路。不如這樣，不論是好的、壞的劇本，我們都把它丟掉。」

「這樣……可以嗎？你這麼說，我好像更迷糊了。」阿金歪著頭，露出不解的神情。

「對啊，這樣似乎也缺乏進展。如果，丟掉劇本，換上『指南針』如何？」

「指南針是什麼？」

「這個指南針是專屬於你的，以你自己的價值觀為依歸。例如前面你說的，『我想成為保護家人的英雄』，那是什麼樣的一種價值觀？」

「我想一下……也許類似『責任感』吧！」責任感這三個字，阿金說得十分用力。

「哇！我彷彿看到一個閃閃發亮的羅盤，指著『責任感』這個方向……」打從心裡佩服阿金，我用左手掌與右手拇指，做出了指南針的形象。

「這樣說我就比較了解了。謝謝醫生！」阿金若有所悟地點點頭，結束了這一場會談。

雖然之後，阿金還是因為酗酒，反覆住了幾次院。但是，不喝酒、保持清醒的時間延長了；換了新工作，也完全停止對家人的暴力行為。

人本主義心理學大師卡爾．羅傑斯（Carl Ranson Rogers）曾經說過：「一個人越能如實地接納自己，就越能改變自己！」、「大部分成功的改變，都是靠『自己』的力量完成的！」所以，與一般人想像的相反，妄想藉由「點出對方的問題」就想要讓人改變，無異是緣木求魚。

戒酒不容易，轉換人生更困難，但是我相信，只要提醒阿金，他的手中永遠都有一個自己打造的指南針。總有一天，阿金一定可以活出屬於自己的璀璨人生！

「硬板凳症候群」：無法離職的竹科人

阿華是一個典型的竹科人，才思敏捷、理性自律，從小讀書過關斬將，最終進入自己心目中最理想的上市科技公司擔任工程師。阿華對於自己的腦袋非常有信心，隨時只要腦筋一轉，人生的難題都能迎刃而解。但，這也有個副作用，就是這樣的人通常主觀意識都很強。

阿華的太太形容：「每次要和他談些什麼、還是推薦一些新觀點，阿華總是劈頭就說：『這沒什麼……』、『啊……那沒有用吧！』之後緊接著，總是一番大道理。確實，我也沒有辦法辯贏他，所以也只能任由他了。」

這是阿華人生中第一次，摔了一大跤……

在原單位的計畫運作不順利，加上與主管不合，阿華被轉調到一個自己極度不喜歡的部門。

「你怎麼看這個事情？」

「擺明就是讓我大材小用！甚至我什麼都不用做，就可以度過一天！再加上薪水與獎金大打折扣，這對我真是一個天大的羞辱！」阿華憤恨不平地說。

「那你打算怎麼做？」我問到。

「怎麼做？我還能怎麼做？所有可能的方法我都試過了，但是卻處處碰壁！」

「這個部門的其他同事也這麼痛苦嗎？」

「沒有啊！他們在我眼中都是一群米蟲！他們本來就喜歡做輕鬆的事情，所以活得好好的！」阿華咬牙切齒，從嘴角擠出一絲冷笑。

「你沒有辦法像他們那樣工作嗎？」

「怎麼可能！做這些不用腦的事情，對我來說，比死還要痛苦！」

「提到死亡……在最難過的時候，你曾經真的想要傷害自己或是結束生命嗎？」危險性評估是精神科醫師永遠的第一要務。

「不瞞你說，我真的常常這樣想……現在的我很能體會，為什麼有人會因為工作不如意而結束生命……」阿華雙拳緊握，眼角噙著淚水說道。

「你會不會覺得事情有些蹊蹺？即使明天就離職，你也不觸犯任何法律……拎著包包一走了之就可以解決的事情，你卻寧願用生命來換，這是怎麼一回事呢？」

阿華一時愣住了……思索了幾秒鐘，聰敏的頭腦再次找出答案：「這不是我理想中的人生啊！有人剝奪你最重視的一切，你不會生氣嗎？」

「喔……我了解了……你有聽過『導演症候群』嗎？」

阿華又用電腦搜尋了一番，然後搖搖頭……

「可以這樣比方嗎……你對自己的人生，有一套既定的劇本；而現在的人生，和這個劇本有一個巨大的落差，所以你痛苦萬分。」

「差不多就是這樣。」阿華面無表情地點點頭。

「很多人都和你發生一樣的狀況，我坐在這裡一個晚上，就可以聽到超過十個類似的故事，我稱之為『導演症候群』。」

阿華苦笑道：「原來這就是『導演症候群』，與我的情況蠻貼切的。這有解嗎？」

阿華又開始想要用頭腦快速解決問題。

「解答很明顯啊……你身邊應該有很多人都給過你類似的建議了。」

「沒錯啊！大家都勸我乾脆離職……可是我就是不甘心啊！」阿華用雙手捏緊桌角，彷彿想把它掰下來。

「這也是常見的現象，我稱之為『硬板凳症候群』。」

「醫生，你的症候群還真多。」

「這樣大家比較容易理解哦。『硬板凳症候群』就是說一個人坐在一個硬梆梆的板凳上，越坐屁股越疼痛，卻老想著：『我再忍一下，看看會不會漸漸就舒服了……』你覺得如何呢？沒有標準答案，不一定要照我的意思回答……」

「『導演』、『硬板凳』，我似乎可以體會出什麼了……」阿華緊繃的臉龐終於露出些許柔和的線條。

我接著說：「有時候，決定人們心情的，不是事情本身，而是我們的思維模式。許多事業遇到挫折的人，不由自主地重複煎熬：『留下來我痛苦萬分，離開的話又毫無把握……』兩條都是死路，我稱之為『雙輸思維』。而正向的人，會覺得：『我留下來可以繼續做熟悉的事，離開的話是因為找到更好的領域……』兩條路都不錯，我稱之為『雙贏思維』。事實上，所面對的事情本身是一樣的，選擇不同的思維方式，就會有截然不同的感受。要演出哪一套劇本，都是我們的自由喔！」

阿華喜歡思考的大腦得到滿足，微笑並點點頭。

因為診所位在新竹科學園區的出入口附近，所以類似的例子，我可以不斷地見到。竹科的薪資、福利、充滿挑戰的工作環境、加上「電子新貴」的高大上形象，讓無數頂尖的頭腦趨之若鶩，坐上後就不肯再變動。其實，穩定的軍公教、手握權勢的高官、象徵社會地位醫師、律師、設計師等專業工作，都十分容易讓人愛不釋手，甚至迷失其中，分不出來自己要的到底是什麼。

你也許聽過「不為五斗米折腰」、厭倦官場文化，做了八十餘日縣令就辭歸故里的陶淵明。孔子說：「君子憂道不憂貧」，這樣的人，在現今世界還找得到嗎？有能力坐高位、賺大錢很厲害；經歷人生的顛峰後，又可以不在意一切……在我眼中，這才是真英雄！

北宋理學家程顥的《秋日偶成》：「閒來無事不從容，睡覺東窗日已紅；萬物靜觀皆自得，四時佳興與人同。道通天地有形外，思入風雲變態中；富貴不淫貧賤樂，男兒到此是豪雄！」

我們兢兢業業又如何？汲汲營營又如何？陶潛幾首《歸去來兮辭》、《五柳先生傳》、《桃花源記》，程顥一句「萬物靜觀皆自得」，就足以留芳千古了。百年之後，還有人記得我們嗎？靜下心來，什麼有價值、什麼值得投入寶貴的時間與心力，會越來越清楚。

敵軍包圍的悲劇英雄

思覺失調症，舊稱精神分裂症，是常見的精神疾病中，最嚴重、也最不容易治癒的。思覺失調症是一種慢性、退化性的疾病，終身盛行率約為〇．五%到一%；即一百到兩百人之中，就有一位患者；以此估計，臺灣約有十到二十萬人罹患思覺失調症。由於是重大疾病，常出現干擾，甚至具危險性的症狀，所以一人罹病，全家都會受到影響；而住院病人中，有一半以上是思覺失調症患者。由此可知，思覺失調症對於家庭、經濟，甚至社會，都有極大的影響！如果有方法，可以改善甚至解決這個亙古難題，必將造福萬世、功德無量。

五十九歲的C君，就是一位慢性思覺失調症患者。

大約三十多歲時，因為不明的原因，在公司開始受到排擠，最終只能黯然離開。回到家之後，C君意志消沉，對任何事情都提不起興趣。

一開始，家人只以為是失業造成的一時失意。時間久了之後，一切卻越來越不對勁……

C君把自己關在房間裡，不願與家人互動。房中不時會傳出對話，甚至怒罵的聲音，詢問C君，卻總是沉默不語。C君的正常活動越來越少，不只不梳洗、不更衣，到後來甚至連進食、飲水的本能，都漸漸喪失。

最終，C君因為衛生不佳與營養不良，變得形銷骨立。家人終於受不了了，將C君帶到醫院。

經過幾次會談慢慢建立互信，加上藥物逐漸發揮功效後，C君的活力漸漸恢復，也終於可以與人互動。一次會談中，C君終於願意透露自己特殊行為背後的原委。

「剛進公司時，我就跟不上其他人的腳步。壓力下整天頭昏腦脹，越是被同事提醒、被主管唸，我反而越容易出錯……每天早上開車靠近公司，就覺得透不過氣……常常不得不又折返回家，向公司請假……」

「到後來，越來越多人覺得我不適任，甚至認為我是裝病！在工作受挫的最低潮時，我痛苦萬分，除了自卑、自責，還有深深的怨恨……在強烈的情緒下，我整天都沉浸在腦內滿滿的負面思考中。直到一天晚上……一個低沉、嚴厲的男聲突然出現！」也許沉默的時日太久，C君不停地傾訴。

「這個聲音不斷對我批判、謾罵……我發了狂似地找尋聲音的來源……當兵時曾經有個班長對我十分嚴厲，我發現那是他的聲音！我對看不見的他大聲怒吼，但是聲音不但沒有減少，反而變本加厲。」

「公司主管、同事、小學霸凌過我的同學，甚至鄰居、路人……他們都加入針對我的行列，只要是醒著的時候，這些聲音就吵個不停。」

「終於，我被公司炒魷魚了……本以為回到熟悉的老家，距離遠了，這些人就會放過我……沒想到，他們還是如影隨形，不斷對我做出各種干擾……」

「你所指的干擾是？」我把握C君喘息的空檔，進一步澄清。

「跟蹤、偷拍、裝竊聽器，甚至使用讀心術……總之，所有能用上的方法，他們都用上了！」

「這也是你到後來不出門、不洗澡、不吃飯、不與人互動的原因嗎？」

「如果是你，被這麼多人盯著，做什麼都不對、想什麼都會被知道，你有辦法過日子嗎？」C君悲憤地說。

「這樣子緊迫盯人確實太折磨人了……不過……老實說對方也很辛苦……」

「怎麼說？」第一次，C君的目光從地面上移，與我相對。

「聽你這樣描述，對方至少每天動員了數十個人來監視你、干擾你，要聘請專家與特異功能人士、還須採購這麼多高科技設備……算一下，就算一天請一個走路工一千元，加一加每天都需要數萬元的開銷，一個月下來就要數十萬了……聽家人說，你這個狀況已經有一年多，那麼，因為你的意志力這麼堅強，對方還沒整垮你，就已經損失上千萬了……」

「沒錯！他們沒有這麼容易善罷甘休的！」C君以思覺失調症患者慣有的、直勾勾的眼神，堅定地說——絲毫沒有聽出我言語中對於其「非理性信念」的挑戰……

「有沒有可能這些特殊經驗是大腦對於壓力的一種反應？還是你認為事實上真的有這麼一大群人經年累月一直在對付你？」

「真的有這些人啊！我為什麼要想像這些事情自己整自己？我跟他們說了很多次，他們還是對我糾纏不休……」對於我的提問，C君覺得不受尊重，身體開始顫抖……

專業訓練與多年經驗讓我知道，對於這樣子固著的精神症狀，不可能用辯論的方式讓其醒悟。所以現在最該做的，是情感上的支持與同理；至少讓當事人心情放鬆，然後靜待藥物發揮作用。

「聽起來你真的很辛苦……住院後這兩個禮拜，情況有好一些嗎？」

「噢……雖然我真的不喜歡被關起來，但是住進來以後吃得好、睡得好，工作人員也都滿和善的，老實說，心裡輕鬆了不少……『那些人』的影響力，在醫院裡似乎也小了一些……」

環境、護理、心理、藥物、復健等多方醫療資源的介入，似乎有了初步的功效，這是一個令人振奮的好消息。

一個多月後，C君的情況有了更明顯的進展；幻聽基本上已經消失了，但是「有一群人針對我、要害我」的這個想法，卻仍然糾纏著他。

我帶著C君做「斑馬條紋的大象」、「雨往天上滴」、「綠花與紅葉」等活化大腦的練習，然後說明「導演症候群」的原理。

「壓力之下，每個人都有可能在腦海中出現一些劇本……」

「如果是很糟糕的劇本，常常就會讓我們陷入困境與痛苦之中……好消息是，藉由上面的練習，你可以體會，大腦是自由的！你可以照原來習慣的方式思考，也可以用全然相反的角度來詮釋同一件事情。事實上，每個人都有權利丟掉不適當的劇本，選擇另一版本的劇本，讓人生有所不同！」

C君似懂非懂地點點頭。

「你經歷這麼多不舒服，所以我不會說你目前的劇本是假的……但是感覺起來，這個劇本確實讓你痛苦了好長一段時間！現在已經沒有聲音在向你下指導棋了，如果你相信世事有各種不同的可能……即使一次也好，我邀請你嘗試看看其他的人生劇本，嘗試看看扮演不同風格電影主角的滋味。」

「這也要看他們願不願意放過我啊……」C君仍是用直勾勾的眼神看著我……不同的是，這次表情不再愁苦，而是露出難得的靦腆笑容。

雖然思覺失調症的病因十分複雜，包含了基因體質、大腦功能、過往經驗、性格、思維模式、周遭環境等重重因素，而且通常有慢性化、退化的傾向……但是，少數能夠放下執著、轉換心境的勇敢患者，他的復原之路將會十分寬廣！

被「怕髒迴路」極權統治的美女

「有一個下雨天，我站在路邊，一輛汽車飛馳而過，輪胎激起的髒水濺了我滿身。因為當天另有要務，所以沒有辦法回家更換衣服，我就一直處在極度不舒服的感受中。從那一天之後，我就得了你們所說的『強迫症』。」

「日常生活中所有的髒東西，都會讓我緊張、抓狂，洗手的次數越來越多，洗澡所花的時間也越來越長！」

「更慘的是，這些年來，我所定義的『髒東西』範圍越來越大，起初只是灰塵、不乾淨的公廁、動物的排泄物、其他人的口水等。後來，連垃圾車、賣場的清潔車、清潔阿姨的手推車，甚至只是放在一旁的掃把和拖把，我都會覺得骯髒不堪！到了最嚴重的時候，光是遠遠看到這些東西，我就覺得已經被污染了……一定要衝回家中，將全身上下清洗一遍，換穿乾淨的衣服，否則就會痛苦萬分。」

「這幾週，新的麻煩又來了。每次洗手、洗澡，我都必須依照一定的程序，才會覺得達成完美的清潔。一但程序錯誤、或是沒有做確實，就必須從頭再來一遍……醫生，你知道這有多麼累人嗎？」

小思是一位粉領單身貴族，面貌姣好、工作穩定、經濟無虞。本應享受花樣年華，這些年來卻飽受「怕髒」的問題所苦。一方面要與症狀對抗，另一方面又要在人前隱藏這個困擾，過得萬分辛苦。

強迫症是所有的精神官能症中最嚴重的一種，由於極端頑固的神經失調，衍生出「強迫想法」與「強迫行為」。常見的型態，包含怕髒、重複檢查、排列與整理、收集與囤積、反覆懷疑與確認等等。

強迫症的內容千奇百怪……比如說我曾遇到一位患者，無論開車騎車，都會懷疑剛剛自己是否有撞到人或壓到小動物，或是擔心因變換車道引發後方的車禍。為此，必須回去重複檢查，搞得自己精疲力竭。

還有一位小學生，他的強迫症狀是要「比出所有東西的大小」！只要是落入視線中的兩樣東西，他就一定要先比出大小，才能做下一件事情。如果體積差異頗大還好，萬一碰到大小差不多的物體，就只能呆立原地、猶疑半天。

強迫症生理上的成因，主要來自於腦內血清素不足，但是服用提升血清素的藥物，也只有一半左右的患者會改善；也許，還有其他更核心的神經失調，等待發現。而心理上的原因，也是眾說紛紜，各學派有許多不同的理論推測。在治療方面，必須生理、心理、環境一同加入，才會有最好的效果。

「據我所知，強迫症患者的困擾分兩種形式：一種是真的被自己執著的想法所影響，認為理應如此；另一種則是知道自己的想法不合理，但是因為焦慮感太重了，無法不照著不合理的想法去做……簡單地說，一類人是受偏激的『想法』所困擾，另一類人是受不舒服的『感受』所困擾……妳覺得自己比較偏向於哪一類？」我問道。

「我覺得……應該是……不舒服的感受影響比較大吧……因為害怕如果不照辦，等一下會更焦慮、更痛苦，所以只能妥協了……」小思不太肯定地說。

「太好了！還好妳不是屬於『想法型』的……因為那會更加棘手……如果只是感受，服藥就會改善許多喔！」

多年頑固的病症，讓小思似乎不太有信心，勉強地微微點頭。

在適當的藥物治療下，我也轉介心理師，為小思指導「轉移法」、「系統性減敏法」、「暴露不反應」、「飽和法」等等強迫症常用的認知行為治療技巧。幾週後回診時……

「這幾天覺得如何？」

「我的焦慮感，確實減輕了不少。現在面對以前的髒東西，沒有這麼不舒服了。」

「啊！這是好消息……可是妳怎麼還是皺著眉頭呢？」我說出自己的觀察。

「因為……雖然心情比較輕鬆了……可是我怕髒的習慣，似乎沒有減少……難道說，我其實是屬於比較難治療的『想法型』強迫症？」小思苦笑道。

「噢……其實，強迫症沒有所謂想法型還是感受型，只是為了讓妳可以將這個強大的敵人各個擊破，所以把它一分為二。」我微笑著說：「如果感受可以改善，就沒有必要固著於同一套折磨人的想法了……」

我向小思詳細解說了導演症候群，也用「向上滴的雨」等練習讓小思相信大腦的聽話與彈性。

「但是，強迫症是一個十分難纏的對手，再加上這些『怕髒的迴路』已經在妳的大腦中定居、鞏固多年，不太可能說變就變。」

「這樣說，我還有機會復原嗎？」小思露出慣有的焦慮神情。

「所以，妳更需要發展出一個嶄新的劇本，也就是『新的迴路』，並且不斷強化這個迴路。只要新迴路逐漸茁壯，『怕髒的迴路』會因為少用而漸漸萎縮，妳就有機會重獲自由！」

聽到這個消息，小思的臉上露出了一絲曙光。

經過討論，小思選擇「過馬路」的新劇本（見P.92），來對治強迫症。因為仔細分析起來，小思並不是因為「強迫思考」而讓自己不舒服……真正耗時費力的，是「與強迫思考辯論」的習慣。「過馬路」這個新思維模式，讓自己要麼停在路邊：用轉移注意避免辯論，要麼快步通過：直接跳到飽和法對自己最害怕的劇情大想一番。因為不再停在危險的馬路中央、不須進行「該不該怕髒」的思辯、不再「跟自己打架」的結果，讓天人交戰與身不由己都大為減輕。

強迫症，是導演症候群的極致版本。它以一個最簡單粗暴的劇情，無情地綁架受害者的大腦。藥物、心理、環境，加上親友的包容，越早起義抗暴，越有機會革命成功。

真假不重要，有用才實在！

阿倫從小有些內向，話不多，不太主動與人互動。對於一些生活瑣事，例如上下學的路線、吃飯時坐的位子等，都有莫名的堅持。社交功能不佳，一般人不在意的事，阿倫會十分介意；一般人會有情緒的事，阿倫卻又渾然不覺。

例如，小學時一群孩子嘲笑阿倫胖胖的像小豬，阿倫看到大家笑，也跟著呵呵笑……玩警察抓小偷，輪到他當小偷時，阿倫卻突然激動，哭喊著：「我不是小偷！」讓大家十分傻眼。也許EQ不佳，但阿倫的IQ卻十分卓越。除了過目不忘的超強記憶力，對於數理等計算科目更是一把罩。所以國中畢業後，順利進入第一志願的高中就讀。

也許有些讀者已經可以猜到，阿倫有「亞斯伯格症」的傾向。亞斯伯格症，通常有「男生對男生」的遺傳，即由父親遺傳給兒子居多。由於推測是多基因遺傳，所以每個人展現出的症狀輕重不一。阿倫的父親，未達亞斯程度，但個性多少有些冷漠、倔強。

從小，倫爸不會像一般的父親喜歡與兒子玩一些開心、胡鬧的遊戲。相反地，在少有的互動中，總是一板一眼。倫爸對於這個唯一的兒子要求很高，關懷卻不足。阿倫表現不佳時，就會訓話，甚至責罵，有時氣急敗壞，會說些難聽的話……小時也許只能逆來順受，進入青春期後，可想而知，很快地阿倫與父親的關係就嚴重破裂了。被帶進診療室時，高二的阿倫，已經與父親發生過好幾次嚴重的口語甚至肢體衝突。

逐步建立關係後，我問阿倫：「你最氣父親哪一點？」

阿倫喃喃地，說出幾個令人震驚的字眼：「那個人……曾經想要殺掉我！」

又是一位認為至親想要殺害自己的孩子。阿倫忿忿地道來，在他的印象中，有一次自己犯了錯，父親在極度氣憤下，把自己裝進行李箱，威脅從樓上丟下去！還有一次，父親用童軍繩把自己綁在陽台，不斷地用冷水澆淋……阿倫曾經就這幾件事情向父母質問，父母都驚訝地否認，令他更為氣憤。

在往後的爭執中，父親也有幾次脫口而出「我恨不得掐死你！」、「我要趕你出門！」這些氣話，讓他更為相信，印象中的那幾件事情都是真實存在的。

關於這一類的親子爭論，通常最終也不會有答案——父母親跟孩子永遠都是各說各話。好在，「真相其實永遠都不如我們所認為的那麼重要」。

百年前心理學啟蒙大師佛洛伊德的時代，因為電視、電影都還沒有發明，人們可以看到的都是真實發生的事物。所以精神分析療法著重於早年經驗、自由聯想、夢的解析等，這些在意識與潛意識中儲存的訊息，自有其重要價值。

時至今日，現代人從小腦海中就被各類媒體不斷灌入各種訊息，其中，不乏黑暗、暴力、情色的成分。這些海量的畫面、聲音與劇情，再加上每天日有所思、夜有所夢，我們的大腦早就成為一個大雜燴，讓記憶成為一種十分不可靠的東西。

心理學家曾做過這樣有趣的研究，一個虛擬的「五歲時在賣場中走失」事件，居然讓二五％的參與者信以為真，並且憑空創造出許多細節。另一個實驗，加上一張合成相片作為引導，居然讓半數的參與者相信自己童年時確實曾參加過捏造的熱氣球之旅。

據統計，有八成的冤案，都是肇因於目擊者的錯誤指證。甚至有一位父親，因為女兒在心理治療的過程中產生了關於亂倫的虛假記憶，差點鋃鐺入獄。

最簡單的實驗，每個人都可以自己試試看，只有一句指導語：

「請回想你今天早上吃早餐的樣子。」

如果你腦海中看到的，是自己坐在餐桌前抓起麵包往嘴裡送、或是在路上邊走邊吃著便利商店的飯糰……只要你的回憶中有「你」這個人，那就不是記憶，而是「創憶」——即你自己創造出來的記憶。因為，如果是真實的記憶，也就是「透過眼睛存入腦海中的畫面」，無論如何都無法從「第三者」的視角看到自己，而只會看到手部、手上的餐飲、及眼前的景物而已。這樣你就能體會，我們多麼常在「創造記憶」了。

當然我知道，在心理治療中質疑當事人的體驗，是一件非常沒有同理心，也極容易打破關係的事。所以，我沒有去否定阿倫對於父親的指控。只是，對於這樣被過去的創傷所綁架的當事人，十分地同情與不捨……

《紅樓夢》中賈寶玉夢遊太虛幻境，看見一幅對聯：「假作真時真亦假；無為有處有還無。」很多時候，人的痛苦，就是來自對於人生的劇情，太過於篤定，無法放輕鬆欣賞真真假假的模糊意境……

記得幾年前，一次與父親聊天，我說：「我記得小時候常常被您處罰，年輕時的您很兇……」父親卻說：「從小你就很聽話，我一向最疼你……從來沒有打過你喔！」到底誰的記憶比較真實呢？照理說，我當時是學齡前，爸爸卻正值壯年，他的記憶理應比我的更為可靠；但是我被打的畫面、情節，與皮肉的疼痛，卻又歷歷在目。

父親已於前年過世，這一切都無從考證了。還好，現在的我知道，人生短短幾個秋，真相一點都不重要，有又怎樣？沒有又怎樣？在我心目中，曾經擁有一位無比慈祥的父親，讓現在與未來的我，都能乘著滿滿的愛向前行……這樣就勝過一切了。

沒考好就不能參加社團的孩子

阿治是一位高三的學生，爸爸媽媽都是高知識份子，對於這個獨生子寄予厚望，從小就特別栽培。換句話說，就是特別在意阿治的學業以及各項才藝表現。阿治也不負所望，一路走來都十分認真乖巧，總是能贏得爸爸媽媽的讚美，以及親朋好友們羨慕的目光。

好景不常，升上高三沒多久，阿治突然反覆出現胸悶、心悸、全身顫抖、過度換氣等等恐慌症狀。到最後，甚至無法上學，也沒有辦法專心讀書，成績大幅退步。

父母憂心忡忡，卻又不知所措。經由老師的介紹，帶著阿治來到診所。初次看診，父母在場陪伴著阿治。他低著頭，時不時地就陷入全身僵硬、顫抖的狀態，什麼話都說不出來，令人十分心疼。幾次門診之後，和阿治建立了初步的關係，於是我請父母在外面等候，讓阿治可以單獨會談。

我問阿治：「你這個症狀的起點是什麼？」

阿治依舊全身緊繃，顫顫巍巍地搖了搖頭。

「沒關係，放輕鬆，想到什麼都可以說；因為這些不舒服發生在你身上，讓你受了很多苦，所以你一定是最了解這一切的人。你的第一手資料，對我們超級重要喔。」

在不斷鼓勵，加上正壓呼吸等放鬆技巧的輔助下，阿治終於用微弱、斷續的聲音，開口說道：「快要升高二時……有一次……我問媽媽，妳覺得我應該讀哪一類組？」

我用眼神與點頭，鼓勵阿治繼續說下去……

「媽媽說……『你的生物不錯，適合讀第三類組……拚一下，搞不好可以考上醫學系喔……』」

「我聽完後，默默地點點頭……回到房間後，一股悲傷從胸口湧出……我大哭了一個晚上，悲痛、憤怒、扯自己的頭髮，甚至用手掐自己的脖子，想要離開這個世界，但是沒有成功……」阿治咬牙說到。

「聽起來真的非常痛苦，當時你想到了什麼，會這麼難過？」

「從小……我就覺得……父母親在意的，是我的『表現』，而不是我『這個人』……在這次的試探中，媽媽果真立即就給了答案，要我讀第三類組、要我做醫生，她才會繼續肯定我、繼續愛我……」阿治雙眼噙著淚水說。

「原來如此，這確實是很大的打擊……如果有機會，你想要自己和父母表達心中的真實感受，還是需要我幫你溝通？」

阿治抬起頭看著我，緩慢地搖搖頭：「這些話……我真的說不出口……」

輪到與父母會談時，我轉告這個情節與阿治的心路歷程。

「我記得那個晚上——只知道阿治回房間後，一個晚上都沒有出來，第二天也說頭昏，請了病假……我們都不知道，他竟然承受了這麼多的痛苦。」媽媽十分驚訝、難過，眼角泛紅，望向父親……

「我們只是給個建議，沒想到孩子會有這麼大的反應……如果是這樣，父母真的太難做了。」父親也無奈地皺眉道。

我說：「確實是如此……不過了解背後的原委，會讓親子互動簡單一些。我相信，這件事情應該是冰山一角。阿治是個乖孩子，對父母百依百順，有可能因此讓你們忽略了他的想法與感受……爸爸媽媽不妨想想，從小到大，有哪些事情，有可能曾經傷害到阿治的心？」

母親想了想，眼角淌下更多淚水，說：「國一的時候，阿治想要參加吉他社，我們討論了之後和他說：『升上國中了，還是應該以課業為重……如果能夠保持前三名，再來參加社團，好嗎？』回想起來，當時他有兩三天不太說話……」

「還有一次，在小學六年級時，也是因為要期中考，阿治沒有辦法和我們一起參加爸爸公司的旅遊活動……討論到最後，全家都沒有去了，在家裡陪他準備考試……那時是他自己做的決定……這種情況……阿治心裡也會受傷嗎？」

「有可能喔……很乖的孩子，常常是看著父母長大的……寧願犧牲自己，也期待換來父母肯定的眼神……」我點頭說到。

「這樣說起來……阿治從小不管上鋼琴課、游泳課，只要一有空檔，都會回頭看向我們……原來，那樣的神情背後，是充滿著期待……」爸爸補充說道，流露出心中的不捨。

「醫師……那你說，我們該怎麼做？」父母幾乎同時說出這句話。

「我喜歡直來直往，才對得起你們花費時間與精神來看診。所以，這些話也許有些直，但是沒有針對性。因為，這是絕大多數父母，都有可能發生的錯誤……」確認過眼神後，我接著說：「許多『認真』的父母，會依照自己過往的人生經驗，以及對於孩子的理想，撰寫出一個完美無瑕的劇本。有形無形地參照這個劇本，去塑造出孩子的人生。乖巧的阿治十分在乎爸爸媽媽的感受，從小就要求自己必須認真地照這套劇本演出。問題在於，如果劇本執行地越徹底，雖然可以讓父母滿意、讓自己有成就感。但同時也會換來更嚴格的劇本，直到孩子再也做不來；所以阿治崩潰了，你們也崩潰了……」

「太多父母，都犯了這個錯誤，我稱之為『導演症候群』。」

阿治的父母表情凝重，陷入回憶之中。

「你們聽過吳季剛的故事嗎？五歲時，他就喜歡拿起針線，為娃娃設計衣服。父母雖然曾經擔心過一陣子，但是最終，轉為全力支持——換來的結果是：十六歲時，吳季剛就在國際賽事中嶄露頭角，二十七歲時已經成為世界知名的時尚大師。連美國前第一夫人蜜雪兒在歐巴馬總統的就職典禮上，都選擇穿上他所設計的禮服喔。」阿治的父母點點頭。

我打鐵趁熱接著說：「要知道，因為身為父母的我們都很努力，所以我們的孩子可以生活在一個和過去截然不同的時代——這是一個『不虞匱乏』的時代，我們的孩子，不需要像我們或是我們的父祖輩，必須為了生計，無奈、戰戰兢兢地過日子。每個孩子都可以做他想做的事情，成為他理想中的自己。從這個角度來看，能夠發掘孩子的潛能、找到孩子的興趣、讓孩子做自己，就是最成功的父母！」

「讓孩子做自己？這樣孩子不會越走越偏嗎？」善於思辯的父親，以一般父母常見的擔憂提出質疑。

「我曾經在少年法庭擔任顧問超過十年，我發現孩子會走偏，大多不是因為沒人引導，而是因為欠缺接納與關愛。相對的，孩子不願意學壞，最大的動機，就是來自於『知道自己有人愛』。每個父母都希望孩子能自律，『自律』的基礎是『自尊』，而自尊的基礎就是『接納與關愛』，接納與關愛、自尊、自律，由下而上，建構出一個穩固的金字塔，成為孩子一輩子健全人格的基礎。」

阿治的媽媽充滿疑惑道：「從小到大，我們都提供阿治最好的，這樣的愛還不夠嗎？」

「噢……不是夠不夠的問題，而是……這樣根本不算愛喔！」我緩緩道出。

阿治的父母十分驚訝，不可思議地望著我。

「最舒適的環境、最棒的禮物、最優質的學校、最好的才藝班、最精彩的旅遊……仔細想想，這些滿足的是孩子，還是父母？」

父母有些尷尬，媽媽鼓起勇氣問：「那麼……真正的愛是什麼呢？」

「看見並給予適當的回應，這就是對孩子最好的愛！」我斬釘截鐵地說。

「不太懂……」父母疑惑地搖搖頭。

「傾聽孩子最天真的想法、好奇地詢問孩子在玩些什麼、鼓勵孩子做決定並給予肯定、鼓勵孩子說出心中的煩惱。不以大人的觀點批判或強加建議，適時一個眼神、一個微笑、一個擁抱……這就是『看見並給予適當回應』。」

「原來如此……第一次聽到這樣的理論。」阿治的父親若有所悟。

「所以我建議，丟掉那個完美的劇本，放掉導演身分，試著做個觀眾，讓孩子學會活出自己的人生，並適時予以肯定……這些，你們有辦法做得到嗎？」

「可能一時會不習慣，但是為了孩子的幸福，我們必須做到……」阿治的父母堅定地點點頭。

「太好了！我為阿治感到高興！」

媽媽也露出滿意的笑容……但又緊接著問到：「醫生，你還沒有告訴我們，孩子如果問我人生該怎麼規劃，我要如何回答？」

「有時候，最容易的答案，反而是最棒的答案喔——爸爸媽媽可以試著說：『老實說，我不知道你的潛能在哪裡……但是，不論你選擇哪一條路，我們都會全力支持！』」

父母聳聳肩，雙雙露出「早說嘛……原來這麼簡單」的微笑。

但，真的有這麼簡單嗎？

今天早上出門上班前，小學二年級的二兒子睡眼惺忪地從樓上走下來。由於一大早氣溫偏低，我不禁想要脫口而出：「今天很冷，先上去穿件夾克！」還好，在最後一秒時，我選擇閉上嘴巴。如果孩子覺得冷，他會自己穿上衣服；也有可能孩子火力旺，不會覺得冷，那我這句話就會是多餘的了。

雖然只是簡單的一句話，但是愛下指導棋、想掌控孩子的人生，就是從這些小事情開始的！如果你不想要剝奪孩子自尊、自信與自律的健全發展，千萬要提醒自己，從小處開始，改掉自己愛當導演的習慣。

閱讀到此，許多父母還是會十分困惑：「醫生，你說的真的正確嗎？如果我不管，孩子不是就無法無天了嗎？如果沒有父母的約束，我的孩子才不會成為吳季剛還是吳寶春呢……他只會整天玩手機吧！」

這確實是許多父母的迷思——讓我們來看看下一個案例。

用我的不OK回敬給您

小剛人如其名，剛強的個性把父母整得很慘。升上國中後，受班上同學影響，小剛開始接觸最火紅的「手遊」（手機遊戲）。

其實，自小學開始，小剛就吵著要和爸爸一樣可以玩電腦遊戲。小剛的父母十分開明，制定出明確的規則——每天做完功課後，就可以玩半小時的電腦。而小剛也確實遵守，即使心中依依不捨，也會在約定時間內，準時關上電腦。

殊不知，就是這樣的家庭規則，開啟了小剛的「遊戲成癮」之路……

許多父母、師長都不知道「有用的事物不能作為懲罰，有後遺症的事物不能作為獎勵。」這個重要的鐵則，無意間、事與願違地塑造出孩子的不良習慣。

例如寫字、跑步，對於孩子的一生都是十分有用的技能，所以不該作為懲罰。君不見，現在許多孩子不喜歡寫字、厭惡運動，相信童年時可能就曾經被罰寫字、罰跑步。所以一寫字、一運動，那種委屈、羞辱的感覺，就不自主地油然而生。

而看電視、打電動、吃冰淇淋……這些有後遺症的事，千萬不能拿來當作獎勵，因為，這樣會不斷墊高這些事物在孩子心目中的價值與地位。以小剛的情況為例，「做完功課才能打電動」這個規範，就會不斷強化「功課是苦差事」、「打電動是享受」這樣的信念，長期下來的結果十分可怕。

題外話，有的父母會想，如果我真的倒過來，說：「你今天不乖，所以不准你寫功課！」這樣真的會有效、會讓孩子更珍惜讀書這件事情嗎？我的答案是，可能真的會有效喔！《聊齋誌異》中，有一篇名為《細柳》，就記載了一位用心良苦的母親，如何以退為進，教化兒子與繼子的感人故事。

回到小剛，在迷上手遊之後，漸漸無法自拔。結識一群隊友，一同攻城掠地，十分有成就感。每天一放學就坐在電腦前「開打」，直到天光大亮才依依不捨地下線，在學校精神萎靡，總是打瞌睡，成績也一落千丈。父母與師長，對此自然是不能坐視不管。

初期，小剛還可以聽從管教。但是進入青春期後，身材逐漸高大，也有了自我意識。直到一天，小剛突然領悟，自己已經具備與父母、師長對抗的能力。從此，對於師長的規勸無動於衷；對於父母的關心，甚至會劍拔弩張、怒目相視……父母想盡辦法、軟硬兼施，但是除了提升親子間的對立，絲毫沒有任何進展。

一天，父親受不了而拔除網路線，小剛到了半夜找出家中防小偷的鋁棒，將父親的愛車砸了個稀巴爛。父母十分無奈，來到診所尋求醫師的協助。

說明原委後，小剛的母親問道：「醫師，下次我會想辦法把小剛帶來。你可不可以把我們的意思，告訴小剛？你具有專業，也許孩子比較會聽……」

又是許多父母常有的迷思！自己說了無數次但是沒有效的話，彷彿換一個人來說、或是加大力道說出來，孩子就會買單。殊不知，這樣只是南轅北轍，會將孩子越推越遠。

「你們真的已經試過所有可以用的方法，都沒有效嗎？」

「沒錯……我們已經心力交瘁、無計可施，才會尋求醫療協助……」媽媽無奈地說。

「那麼，我要宣布一件十分合理，但是你們無法相信的事實……」

小剛的父母困惑地睜大眼睛。

「那就是，你們真的沒辦法改變小剛了！」

父母無法置信，皺著眉頭說：「難道，你要我們放棄這個孩子嗎？」

「這個解釋起來有些複雜，也十分讓人難以相信。心理學家發現，當一個問題根深蒂固地重複出現時，表示它已經從『線性因果』，轉變為『循環因果』了。」

「比如說，『先生晚歸』，造成『太太生氣』，這是線性因果。但是這個問題如果反覆出現，就代表進入循環因果的模式——也就是說，不只『先生晚歸』會造成『太太生氣』；倒過來說，『太太生氣』也會更進一步造成『先生晚歸』！」

「這樣的循環因果，一方面會讓事情越演越烈，另一方面卻也是改變的契機。因為，在這個互為因果的體系中，任何一方先做出改變，其他的人也會連帶地發生變化。所以說，只要你們放棄改變小剛，回過頭來從改變自己做起，就有機會間接促發小剛的轉變喔。」

「好像有些道理……但是我們完全不知道該怎麼做……」父親無奈地說到。

「不知道正好，我的學派有一條金句：『無知就是美德』。如果你們『太知道』該怎麼做，那才是問題之所在。」

我花了一些時間，把詳細的計畫告知小剛的父母。父母半信半疑，但是願意試試。回到家後，父母與小剛坐下來，由父親代表，向小剛說：「小剛，也許你也能感受到，這一陣子我們之間關係很緊張。」

「然後呢？」小剛一如既往，以不屑的神情說。

「我和媽媽最近真的心力交瘁，很多地方不舒服，所以一起去看了醫生。」

「噢……你們早就該看醫生了！」

「我們和醫生說，為了孩子的問題，家裡已經危機重重……醫生聽完我們的描述，居然說是我們自己的問題！」

「我就說吧！兩個人整天管東管西，不然就是愁眉苦臉。不知道哪根筋有毛病！」小剛砲火全開。

爸爸不得不壓下怒火照著台詞繼續說：「醫生還說，下次回診的時候，希望你能一起去，讓他可以更清楚知道，我們造成的傷害有多大。下星期二晚上，你OK嗎？」

「噢！這個醫生真的很專業，一下就看出問題的癥結，我也想跟他說些事情……」

就這樣，小剛如期出現在診間。

我依例詢問了一下最近父母各自的狀況，以及家中的情形……很自然話題就跑到因為手遊與課業問題，親子之間的激烈衝突。

「不是我的問題喔！是他們從小就愛管、愛唸……搞到我都快瘋了！」一直保持沉默、高度戒備的小剛，突然打開話匣子。接下來，他馬不停蹄地，花了將近十分鐘的時間，不斷數落父母的不是、抱怨老師的嘮叨、斥責課業內容的無用，甚至批評過去幾次輔導經驗都是陳腔濫調……

「小剛，聽起來你也有好多煩惱。不過今天是父母尋求協助，所以我幫助的對象是父母喔。」我溫和地提醒他。

我接著說：「上次晤談之後，我想出了一套方法，可以解決爸爸媽媽的問題。但是我要先問兩位，你們願意『不計一切代價』來解決眼前的難題嗎？」

爸爸媽媽異口同聲地說：「我們已經下定決心了！」

小剛突然升起不祥的預感，有些激動地站起來：「你們把我騙來，是要叫醫生逼我吃藥？打針？還是要抓我住院？」

「小剛你先放輕鬆，我說過了，我要改善的是爸爸媽媽的問題，你沒掛號，我怎麼會治療你呢？不過我提出的方案，對你會是一大福音喔。」我沉靜地說。

小剛似乎有些疑惑，但還是回到了座位。

「因為目前的局勢很明顯，你們已經管不動小剛了，而小剛也壓根沒有想讓你們管。所以，最好的發展方向就是相互尊重。」

「小剛已經國三了，所以我建議如果小剛願意升學，就想辦法讀一個遠遠的學校，住校或是在學校附近租個房間；如果不想升學也沒關係，就直接在小剛願意待的地方，租個雅房。我估計大約每月一萬元預算就足夠了，四千元租房子，六千元做生活費。從此小剛你就可以過你想過的生活，爸爸媽媽也該吃就吃、該睡就睡、該遊山玩水就去遊山玩水……從此兩不干涉、清爽自在，你們覺得如何？」

因為這是套好的劇本，所以父母並未露出驚訝的神情，反倒是做出若有所悟的表情點點頭。反觀小剛，歪著頭有些困惑……

「小剛，這是不是你最想要的？這個方案你OK嗎？」

「噢……可……可以吧……」小剛不確定地點了一下頭。

高潮還沒出現，換父母接手：「醫生，雖然這個辦法聽起來不錯……可是我們捨不得這樣做啊……小剛還沒成年，可以不需要人照顧嗎？如果出了狀況怎麼辦？」小剛聽到父母如此說，似乎鬆了一口氣。

我繼續答腔：「確實如此。可以感受到，爸爸與媽媽心中還是有滿滿的愛。可是話說回來，事實證明，小剛已經不需要你們的愛了啊……如果是這樣，我建議你們領養一個孩子，把這滿滿的愛給他。要知道，我們社會還是有很多孤兒或是身心障礙的孩子，需要家庭、需要父母的關愛。」

母親點點頭說：「我聽說國外有很多父母，會在兒女長大後，再收養幾個弱勢的孩子，認真養育，這是很有愛心的表現。」

小剛越聽越沉不住氣，激動地踢了一下桌腳吼說：「我不同意！」

我故意做出迷惘的神情說：「可是……每天沒有人管你，讓你自由自在地玩手遊，這不是你最想要的嗎？」

小剛雙眼含著淚，皺著眉頭，一句話也不說……

爸爸想起自己還有幾句台詞，趕緊接著說：「小剛，如果你不同意，我們也絕對不會不管你的感受一意孤行。這樣好了，我們先從醫生講的『相互尊重』做起。從今天開始我和媽媽不會再管制你使用手機。為了表達誠意，如果我們忍不住想要管你時，你一定要提醒我喔！」

小剛聽了，稍微放心：「這樣我OK……你們要說到做到！」

幾天後，我受學校邀約，和小剛在輔導室見面。

「醫生，你知道嗎，其實我一直都有想要發展的方向……」

「真令人好奇，說來聽聽！」

「我想要研究昆蟲，我都上網查過了，臺灣只有兩間大學有昆蟲相關的科系……」

很難想像，幾天之中，小剛就變了一個人。兩周後父母回診時開心地說，停止控管後，小剛並沒有像他們所擔憂的，繼續深陷手遊無法自拔，反倒是上學、寫作業，都十分自主，看到我們也可以自在地打招呼，家中劍拔弩張的氣氛終於被輕鬆與溫暖所替代。

為什麼會有這樣的改變？

很多父母以為，孩子是因為喜歡玩遊戲而上癮……我卻深深不以為然。整夜玩遊戲、與整晚看一本書、打一個下午籃球，感受會一樣嗎？整夜遊戲，只會換來空虛與沮喪；盡興地閱讀、揮汗打籃球，收穫卻是舒暢與成就……這是騙不了人的。

為什麼孩子寧願投身不舒服的事，而放棄可以帶來正向感受的事？背後的原因很複雜，但是排名前三的，一定包含「被動攻擊」；即：用我的不OK來回敬父母。

如果此時父母反應越大、越焦急、憂愁，甚至憤怒，那就正中孩子的下懷，問題行為會變本加厲持續出現。這種根深蒂固的劇本，深深卡死了原本幸福的家庭！

換一套劇本，當孩子發現父母不會再受自己的操弄，甚至有可能過得更好時，藉由自己的被動來懲罰父母的動機就不復存在了。

而父親最後一句話，也有極大的作用。

過去親子關係因為手機問題十分僵持，父母一靠近孩子，孩子總是覺得父母「又要來管我、唸我了」，所以十分防衛、緊繃，無法平心靜氣地看見父母，也因此無法進行任何有意義的親子互動。

父親說：「請你提醒我們是否會忍不住管你……」孩子心想：「好啊！我倒要看看，你們是說真的、還是說假的。」從此，如果父母出現在孩子面前，孩子將會以較輕鬆、較理性的心情加以觀察。如此，終將可以用客觀的雙眼，看到父母的真貌。

小剛在後續的晤談中，給我十分感動的回答：「我發現，爸爸媽媽對於這個家，付出真的太多了……反而是我，都沒有什麼貢獻。所以我願意好好上學，盡到自己一份責任……」

創傷之後……憂鬱的劇本屬於誰？

「我的父親，在我小六時的一個夜晚，趁著酒醉猥褻了我……沒想到，過了一陣子，我的大伯也做出同樣噁心的事情……」

「更可恨的是，當我向家人說出這一切時，包括母親、伯母與祖母，都一面倒地不相信，甚至暗示是我自己的問題……還威脅我說：『妳知不知道，妳再亂說下去，有可能毀掉這個家……』」

小敏十分悲憤：「他們要我以大局為重，而我當時只是一個孩子，誰又顧到我的感受！」

事件發生後，小敏越來越少與家人互動，常常是面無表情，去到學校也是整天沉默不語，徹底喪失了青少年該有的活力與朝氣。

一次，小敏因為身體虛弱到保健室休息，校護發現她的手上有大量新舊雜陳的傷痕，顯然是長期、反覆的自我傷害所留下，於是通報校方、家長與心理衛生機關。

就診時，小敏已經是大三的學生。她展現出極端不同的雙面特質：一方面外放、主動，積極參與社團及球隊的活動；另一方面沉靜、麻木，常一個人發呆。在情緒的谷底，就會出現自我傷害行為。彷彿以手腕為紙、刀片為筆、鮮紅的血液為墨汁，就可以向世人刻畫出無論如何都說不出口的傷痛……

詳細了解過去的來龍去脈後，我問小敏：「你是不是無法信任任何人？」

「沒錯……那是一種很強烈的感覺……如果連自己的親生父母都無法相信，你覺得世界上還有人值得信任嗎？」

「你認為這個事件會影響妳多久？」

「這麼大的事怎麼可能忘掉……我覺得我的一生，都已經被這幾個人毀了……」

「這種創傷等級的事件，確實不可能忘掉……聽起來，妳被傷的很重。不過，老師有反應，妳在一些領域，像是社團、球隊，表現卻不錯，正向積極，也可以跟大家打成一片。你覺得這代表什麼？」

「頭幾年，我確實很消沉……但是時間久了，我覺得自己總不能就這樣坐以待斃吧！」

「太好了！命運對妳不公平，但是妳不想就這麼投降，這是很難能可貴的事情。如果，可以把這個能力擴大，妳覺得如何？」

「醫生，我聽不懂你說在什麼……」

這很常見，不是真的聽不懂，而是對於「改變」一種直覺性的迴避。這時，絕對不宜繼續前進，常常會有反效果。

我以很長的時間，反覆傾聽小敏對於曾經傷害自己者之控訴。面對仍然不時出現的自我傷害行為，表達出關懷與憐憫。同時，一點一滴構築小敏在成長過程中，最為欠缺的接納與肯定。

時機成熟後，我再度帶領小敏向前邁進……

「如果有一位世界知名的大導演，將妳的人生拍成一齣動人的微電影，妳覺得會有那些必備的內容與要素？」我問到。

「不知道……大概是一個骯髒的世界、幾個骯髒的大人、還有一個骯髒的女孩吧……」小敏以一貫的快思快答，忿忿地說。

「我說的是『國際級大導演』與『動人的作品』耶……妳再想看看……」

「噢……應該會是有笑有淚，有很細緻的微鏡頭，描寫一個浴火重生的女孩吧……醫生妳要聽的是這些嗎？可是我真的不認為這會是我啊！」小敏渾身出力、握著拳頭，彷彿手中正握著那個萬年不變的劇本。

「妳知道嗎？很多編劇與導演，都會借助心理學的理論，來豐富自己的作品喔。」我花了一些時間，對小敏說明阿德勒「你的現在決定過去」之觀點。小敏聽完，不置可否地揚了揚眉頭。

「關於創傷的受害人，心理學有一個很重要的提醒。就是受害人雖然『情感』上受傷了，但是『人格』上卻沒有受損喔。」

「不懂……」

我繼續說，悄悄由第三人稱換為第二人稱：「也就是說妳雖然情感上受了傷害，但是『身而為人的價值』並沒有因此而降低。反倒是傷害妳的人，人格與身而為人的價值，已經嚴重受損了。妳是受害人，不是做錯事的人，不需要自責或是自我貶低；做錯事、做壞事的人，才需要良心不安與自責。妳還可以選擇要討回公道或是要原諒，但是他們只能永遠活在陰影之中……」

「才不呢！那些人根本不認為自己有錯，都活得好好的，才不會良心不安呢！」小敏立即反駁。

「這個我也相信。不過我很好奇，有個問題妳應該比較了解。創傷發生至今，妳的成長多，還是那些人的成長多？」

「我不覺得自己有什麼成長……但是那些人，一個個都混吃等死，不可能有什麼心靈成長啦！」

「那就對了喔。妳可以持續升學、充實自己、交朋友、參加各類活動，還願意接受心理治療提升自我。他們卻在原地踏步，更不可能讓自己接受外界的協助。有沒有可能，這就是妳已經走出來，而他們依舊活在悔恨與自我懲罰中的最好證據？」

「我還是不習慣被人肯定……但是這麼說倒是有些道理……」小敏露出一絲苦笑。

「所以，『浴火重生』的劇本也是有可能的囉？」才說完，我就後悔進度似乎推得太快了。

果真，小敏又打退堂鼓說：「可是，我還是覺得，自己不可能擁有幸福了……尤其是感情方面……只要男人靠近我，我都會極度不舒服……」

「有一個精神分析學派的觀點，想和妳分享。但是現在的妳應該還無法接受，還是以後再說吧。」既然上路了，就不得不硬著頭皮往前行。我採用以退為進的激將法。

「沒關係，把握時間你說吧……已經沒有什麼事情可以嚇到我了……」小敏難掩心中的好奇，想知道是什麼驚人的觀點。

「你知道嗎，妳所遭遇的這些事件，雖然痛苦，卻也透露出一個重要的訊息。就是，妳在『性』的方面，具有很大的吸引力！」

小敏露出不可置信的神情，不讓她有機會回到慣性思考，我趕緊接著說：「這個吸引力，對於未來吸引到一位可以與妳相知相惜、一同創造幸福的伴侶，有極大的幫助。這是妳要的嗎？」

很難有人可以對「自己有吸引力」這個概念完全說「不」……小敏在半信半疑中……緩緩地點點頭——似乎同時也開始嘗試接受，「浴火重生」、「自己可以擁有幸福」這個劇本。

故事還沒結束……

更令人驚豔的是，後續的一次會談中，小敏似乎思索許久，緩緩說到：「在藥物與心理治療的幫助下，說來難以相信，我好像真的走出那場噩夢了……」

「過年那幾天回到老家，看到傷害過我的那些人，我的感受變得很不習慣……仍然有許多憎恨，但是看著他們的白髮與皺紋，卻又多了幾許同情……」

我點點頭，鼓勵小敏說下去。

「如果有一天，我是說『如果』……我想要幫助他們，讓他們不用帶著會悔恨進棺材……我該怎麼做？」

「噢……倒是第一次聽到這種問題；但是我真的很為妳感到感動與驕傲。好喔！我們來討論一下，有哪些可能性……」

只有真正的英雄，才能在飽受傷害後，還能做出如此令人動容的領悟與突破。其中的智慧與包容，足以照亮世間的幽暗，超越所有不幸與苦痛。在助人過程中，只要有幾次這樣金光閃耀的時刻，就足以讓我「樂以忘憂、不知老之將至」矣。

導演症候群與我

說了這麼多臨床經驗，最後，把自己也當作一個案例，分析一下導演症候群與「我為什麼會成為現在的我」其中的關聯性。

小時候的我，不是挺優秀，也不會很頑劣。我與一般的孩子，沒有什麼不一樣。成長在類似眷村的學校宿舍，大孩子、中孩子、小孩子，整天玩在一起；表面上無憂無慮，卻自有一套「地下規則」。

你不聽話、不合群，大孩子會教訓你、同伴會孤立你，由不得把原本稜稜角角的性格，打磨得柔順圓滑。也許在大庭院遊戲的那些年，就種下「別以自我為中心」、「細心觀察」、「識時務者為俊傑」的個性種子。日後的我，懂得隨時抽換劇本，謀定而後動、不固執己見，為人生省下了不少麻煩。

還有一個最大的不同，也許就是我沒有讀過幼兒園。

整天在家閒晃，度過了快樂的童年。記得小學第一天上學，老師要大家依序上台寫下自己的名字，然後自我介紹。輪到我時，我拿起粉筆，隨即又放下，嚅囁地說：「我不會寫。」引得全班哄堂大笑……雖然老師溫柔地說沒關係，幫我寫出名字，但是我還是對於自己落後其他孩子甚多，十分焦慮。

沒多久，一次有趣的課堂活動，重建了我的信心。

老師要大家從家中帶來自己最喜歡、最有興趣的東西，和其他同學分享。許多同學帶來昂貴的玩具、遊戲機、旅遊紀念品、樂器、跆拳道服等。我帶來的，則是自己的摺紙作品。

我的父母很奇葩，從小到大，有兩種東西，不會出現在我們家：玩具與零食。所以，想吃想玩，只能自己想辦法。

沒東西可玩，我的應變方案，就是鑽研摺紙。對於摺紙書籍，父親倒是很大方，根據我的程度，買了由淺到深的各種摺紙教材。上小學之前，我就可以照著書本，將一張色紙變換出各種動物。

我把自己辛苦摺出來的十二生肖，帶到學校。老師與一群同學來到我的桌前，露出驚訝的表情。

「這是你摺的嗎？」老師問。我抬起頭說：「是啊！」

「這麼難的作品，即使是大人也不見得會喔。」老師點點頭、慈祥地微笑。

一句話，如同一顆定心丸，讓我對於自己不再質疑，多了好幾分的肯定。一句貼心的鼓勵，讓我拋去「我沒上過幼兒園，所以永遠趕不上別人」的負面劇本。

現在想想，我們家與其他家庭的不同點，似乎挺多。

父親身為高中老師，作息十分規律，每天清晨六點不到，就會去公園做運動。母親則有晚睡晚起的習慣，每天不到日上三竿，不會起床。所以，早上從醒來、梳洗、吃早餐、到出門，客廳總是空無一人，一切只能靠自己。

而且印象中，我的父母從來沒有陪我做過功課，也不會詢問考試成績。有時興高采烈，拿著一百分的考卷給爸爸媽媽簽名，他們只是摸摸我著頭，誇獎幾句就完事了。

我沒上過安親班、補習班或是才藝班，生涯中的重大決定，父母也從不給予明確意見——適度關愛、少量管教、更少的指導。不知是有意還是無意間，爸爸媽媽的教養方式，竟頗為類似心理學家眼中「恰如其分的父母」。不曾強加劇本於孩子身上，讓我可以有自由揮灑的廣闊天空。

孩童到青少年時期的我，其實也犯過不少錯……

爬屋頂、用彈弓射鳥、小學時就和哥哥自作主張到河邊游泳、欺負同學、打架、頂撞老師、考試作弊、柑仔店順手牽羊。幸運的是，一路走來，從來沒有遭受過嚴厲的責罰。生命中的大人，都是以無比的包容，睜一隻眼閉一隻眼；最多僅是稍加告誡、然後從此不再提起。

就因如此，我的身上，沒有因為年少輕狂的錯誤，被貼上終身不可磨滅的標籤。也就是說，我的潛意識中，沒有既定的、不可磨滅的負面劇本，不會一錯再錯。對於孩子宅心仁厚，也許您就是他一生的貴人！

高中時期，我進入人生的谷底……

曾經有一年的時間，我沒有記憶，但是卻深深記得那種感覺。

一種彷彿生活在透明膠水之中的感覺，看得見，但卻一片模糊、可以動，但是四肢沉重。每天早上起床，心想這漫長的一天，該如何度過，甚至生起一個念頭：「如果不要醒來，那該有多好……」

每次考試，都不知道是如何完成的，看著十幾二十分的成績單，茫然地揉作一團、扔掉……沒有人給我壓力，但是我就是心情不好。人在難過時，會出現一種心理現象，叫做「投射」：將自己的不舒服，投放在外界的人事物身上。當時我覺得周遭的同學與老師，都對自己不友善，有形無形中，總是以為自己被排擠。

成為精神科醫師後，我知道，這就是典型的憂鬱症。再一次，上天對我十分眷顧……憂鬱症發之後，我竟然靠著幾個脫稿演出，出奇制勝、重獲身心自由。

第一，開明的父母，協助我轉出資優班。新班級的老師、同學，都對我十分接納；上課很輕鬆，也交到不少好朋友。

第二，新班級流行籃球，這也是我的興趣；所以每天曬太陽、打籃球，讓體質大為改善。

第三，我在高二升高三的暑假，學了一門任何青少年都不會感興趣的本事——氣功！所費不貲，但是卻學到了紮紮實實的身心放鬆技巧。冥冥中似乎自有天註定，日後我也因緣際會，走上幫助人們身心更健康的道路。

跳脫劇本，幾道神來之筆，讓我走出生命的幽谷。沒有導演強加劇本在我身上、更沒有人要求我履行原本高張力的劇本。身邊父母、師長及同儕的包容與支持，匯集成沖破膠水地獄的最大力量。

進入職涯後，有幾次被擺道、受挫折的經驗……細節不想再提，但是那種「劇本與現實出現巨大落差」的痛，每每讓人憤恨不平、久久無法承受。所幸，多年心理專業的薰陶，讓我養成「被卡住就代表需要成長」的信念。

不論是看書、上課、參加工作坊、請教資深前輩、還是諮詢專業同儕。我發現，每次遭受挫折，只要重整旗鼓、理出方向，勇敢踏出第一步，人生又會谷底翻身、柳暗花明又一村。丟掉劇本，手握指南針；天下之大，豈無屬於自己的美麗花園。

結婚生子之後，又是一番不同的光景。

除了「養兒方知父母恩」的醒悟，更大的收穫，來自於破除「共生」的巨大桎梏。對孩子不要過度操心、過度保護、過度干預，不要為孩子做太多，不要留錢給孩子，不要剝奪孩子胼手胝足的成就感、不要搶走孩子體驗挫折的機會。

不只對於孩子，對另一半、父母、手足，也應該是相互尊重、接納欣賞，別動不動就套上「我關心你！」、「我也是為了你好……」、「你就不能多為這個家想一想？」的大帽子。這樣的態度，讓肩頭負荷逐漸加重的同時，心靈世界卻是漸入佳境、海闊天空。

向真實世界中的偉大導演致敬

雖然本書都在闡述「導演症候群」這個十分常見、讓人受苦受難的心理學現象，並且一再苦口婆心「放下導演身分」的重要……但是，現實世界中，「導演」卻是我十分崇敬與嚮往的對象。在好導演的功力下，一齣發人深省的電影，功效不輸藥物或是心理治療。以下，列出啟發我最多的電影以及幕後偉大的導演。

《女人香》（Scent of a Woman），一九九二年，導演馬丁・布萊斯特（Martin Brest），雙眼失明、個性剛烈的退役中校法蘭克，其暴躁脾氣如何毀了自己一生、卻又幫了一位陌生年輕人度過難關。探討人生的「置之死地而後生」、「再不堪的人，都有能力為他人做出貢獻」。

《刺激 1995》（The Shawshank Redemption），一九九四年，導演法蘭克・戴拉邦特（Frank Darabont），闡述「無論處在什麼境地，人都有選擇的自由」、「越是處境悲慘的人，越有機會為這個殘酷的世界創造價值」。

《美麗人生》（La vita è bella），一九九七年，導演羅貝托·貝尼尼（Roberto Benigni）自編自演，在殘酷的納粹集中營中，如何為孩子創造正向幸福的童年？一部笑中有淚的人文情懷電影，為稱職的父母做出最佳示範。

《最後14堂星期二的課》（Tuesdays with Morrie），一九九九年，導演米克·傑克森（Mick Jackson），探討生命中的議題孰輕孰重之大作。

《星星的孩子》（Temple Grandin），二〇一〇年，導演也是米克·傑克森，讓人一探亞斯伯格症患者與眾不同的世界，喚醒對於人與人之間差異性的同理與尊重。

《美國X檔案》（American History X），一九九八年，導演東尼·凱（Tony Kaye），即使最根深蒂固的信念，也可以因為接納、關懷及見識的增長，一百八十度猛然轉身！

《命運好好玩》（Click），二〇〇六年，導演法蘭克·可洛西（Frank Coraci），娛樂片中最賺人熱淚的，頗有南柯一夢的警世意味。

《重裝任務》（Equilibrium），二〇〇二年，導演寇特·威默（Kurt Wimmer），反烏托邦、回歸人性，大快人心的爽片。

另外如史蒂芬·史匹柏、詹姆斯·柯麥隆、喬治·魯卡斯、昆丁·塔倫提諾、李安、宮崎駿……還有其他偉大的導演，以及許許多多演員及電影幕後工作者，都以自己寶貴的時間與精力，加上無數辛勞與汗水，創作出精彩的作品，豐富了我從童年、青少年、到成年、以及未來老年的生命。向你們致敬！

結語 成為自己人生的主人

我知道，在這個凡事都講求效率的數位時代，很少人能夠有時間、有條件，從頭到尾完整地閱讀一本書。而且不論匆匆翻閱、或是細細品味，若干年後，您還記得多少？

尤其，我該以身作則，不要試圖再當導演，期待讀者當個好演員，完全吸收、接納、並在人生中充分應用本書的理念。但，我還是期盼，能夠有幾個簡潔、清爽的信念，可以進入讀者的潛意識中……歷久不衰，持續幫助每位讀者離苦得樂、活出自由的人生。

以下化繁為簡，整合全書精華，提供大家快速品味。

導演症候群的三種形式：

一、總是拿既定的理想劇本與現實中的人事物甚至自己去對比，如果有落差，就會出現許多負面情緒。

二、擁抱一個負面的劇本，覺得人生與自己就是如此，無法跳脫。

三、劇本與現實都沒什麼大問題，但是在劇本與現實難免出現差異時，就會過度解讀，甚至劇烈反應。

放下劇本，你會更自在

「我的人生必須如何如何……」、「這件事必須如何如何……」、「你必須如何如何……」

不論自己還是其他人，都沒有義務擔任僵化劇本的演員。放下成見、放下人生中的「必須」、放了自己，也放了別人，也許感受上仍然會不舒服，但是心靈可以瞬間重獲自由。你會發現，拿掉導演心態，不只自己會更快樂，事態也更有可能往好的方向發展，何樂而不為呢？

改寫劇本，生命有價值

過去不幸的劇本，是不是成為你一生的包袱，讓你無法享有快樂與幸福？就像CD上面的刮痕，永遠無法磨滅……

要知道，在這些事件中，你的情感受傷了，但是「你生而為人的價值」並沒有絲毫損傷。不論幸與不幸，都是你獨一無二的人生歷練。轉換視角，一步一步重新詮釋不幸的劇本。你才是人生的導演，感人的曠世巨作即將問世。

超越劇本，人生更精采

人生給我們的不如意太多、挑戰也太多，難免有深陷泥濘、暗無天日的時刻。此時，平凡、普遍的思維模式已經不管用，唯有擺脫凡俗、一舉大幅超越既有的劇本，可以讓你化危機為轉機，出奇制勝。

不要給自己設劇本、不要給別人設劇本、不要給世界設劇本、不要給未來設劇本……你就有機會擁有超然脫俗的人生。

五個步驟，成為人生的主人

一、拋下過去的人生劇本，確定「你的現在可以決定過去」。

二、釐清現在的不快樂，來自於身體還是心理。

三、兵分兩路或是雙管齊下，調適好身心。

四、改變可以改變的，接納無法改變的。聚焦在所擁有的，而非不如意的。

五、回到無知狀態，重複步驟一到四。

關於導演症候群最精簡的詮釋

「導演症候群」這個不為人知的心理現象，千百年來深深影響甚至傷害了每一個人。深入觀察、分析、理解與詮釋導演症候群的過程中，我成為最先也是最大的受益人。在我心中，這些信念，每天、尤其是憂鬱、焦慮與徬徨時，都會不時浮現……幫助我跨越低潮與挫折，走出人生的幽谷。在本書結束前，與朋友們分享這幾個最簡單的信念：

「我的不快樂，有可能正是來自於我的篤定！」

「我不知道一切『如我所願』，到底是好事還是壞事……」

「我現在不舒服，但是我不知道這個不舒服代表什麼……」

「無知就是美德……」

致謝

感謝上天，讓我從事「助人」這樣一個高度挑戰卻又充滿意義的工作。

在診所業務繁忙之餘，又要應邀演講、上節目、製作 Youtube 影片、擔任顧問，更重要的是必須陪伴家人、與朋友聯繫感情、運動健身、安排適當的休閒娛樂，似乎再也沒有時間多做些什麼了。

但是，因為每天的診療經驗中，看到一位又一位的來訪者，為著乍看之下大相徑庭、本質卻殊途同歸的問題所困擾，甚至深陷泥淖無法自拔。讓我不由得下定決心，以不畏爆肝的精神，奮力完成此書——期望能為大家辛苦的人生，帶來一些些不同。

感謝總編輯舒淇姊的垂青，主動聯繫我、鼓勵我，並用無比的包容，在我拖稿將近一年的情況下，仍能穩操大局，一手促成本書的問世。

感謝天下雜誌的各位幕後同仁，大家宵衣旰食、群策群力，讓這本書盡善盡美。

謝謝黃光國教授與葉啟斌副院長特別撥冗為拙著作序。黃教授致力心理學與本土文化的融合共進，給予我如同暮鼓晨鐘般的提點。葉副院長兼具兒童、老人，以及成癮醫學眾多專業，是帶領我一窺精神醫學奧妙的學長兼師長。

感謝所有在精神醫學、心理專業，以及人生路途上給予我教誨、提攜與鼓勵的貴人。邁入第二十六個年頭，我仍不敢以資深自居……不斷尋訪良師益友，期能不被艱困的工作擊垮，同時為助人專業持續注入潺潺活泉。

感謝職業生涯中有緣相遇的患者與家屬，你們以生命的苦痛，譜寫出活生生的教科書，讓我輩精神醫療與心理專業工作者，得以不斷砥礪精進。

感謝在天之靈的父親，您是我一生勤奮好學的榜樣。感謝樸實耿直的母親，永遠將我視作最心愛的珍寶。感謝妻子姿吟與岳父母，提供我源源不絕的心理支持與後勤補給。感謝四個純真但調皮的孩子，在我寫作的過程中，不斷給予我啟發以及歡笑。

最終，一定不能漏掉的，就是要謝謝閱讀此書的您！

這是一本不討喜的書，光是第一眼瞄到封面，就會讓許多人不自覺地生出反感……在傳統鼓吹積極向上的教育體制下，這本書卻要大家丟掉主流價值的劇本？好好地照原來的方式過日子就好了，為什麼還要打破成規、嘗試體驗完全不一樣的舞台？

不論輕鬆、喜悅，還是震驚、沉重……接觸此書後，你已經不再是原來的你！如果萬分幸運，您覺得頗有收穫……最好的回饋，就是將導演症候群的觀念，傳遞給身邊需要的人。

也許無法像是伊底帕斯情結、霍桑效應這樣鼎鼎大名，但至少也如同「習得之無助」、「酸葡萄心理」如此簡單易懂……

期待有一天，能在街道上，聽到有人脫口而出：「你導演症候群噢……管這麼多！」

國家圖書館出版品預行編目 (CIP) 資料

導演症候群 : 放下自以為命定的劇本 , 打破負面慣性 , 從此更快樂 ! / 馬大元著 . -- 第二版 . -- 臺北市 : 天下雜誌股份有限公司 , 2023.11
面 ; 公分 . --（心靈成長 ; 99）
ISBN 978-986-398-944-8（平裝）

1.CST: 臨床心理學

178 112018564

心靈成長 099

導演症候群

作　　者／馬大元
封面設計／葉馥儀
內文版型／葉若蒂
內頁排版／菩薩蠻電腦科技有限公司
責任編輯／西爾芙、盧羿珊、張齊方
校對／陳莉萍、莊淑淇
專書總編輯／莊舒淇
天下雜誌群創辦人／殷允芃
天下雜誌董事長／吳迎春
出版部總編輯／吳韻儀
出 版 者／天下雜誌股份有限公司
地　　址／台北市 104 南京東路二段 139 號 11 樓
讀者服務／（02）2662-0332 傳真／（02）2662-6048
天下雜誌 GROUP 網址／ http://www.cw.com.tw
劃撥帳號／ 01895001 天下雜誌股份有限公司
法律顧問／台英國際商務法律事務所 · 羅明通律師
印刷製版／中原造像股份有限公司
裝 訂 廠／中原造像股份有限公司
總 經 銷／大和圖書有限公司 電話／（02）8990 -2588
出版日期／ 2019 年 6 月第一版第一次印行
　　　　　 2023 年 11 月 29 日第二版第一次印行
定　　價／ 330 元

書號：BCCG0099P
ISBN：978-986-398-944-8（平裝）

直營門市書香花園　台北市建國北路二段 6 巷 11 號　（02）25061635
天下網路書店 shop.cwbook.com.tw
天下雜誌出版部落格—我讀網 books.cw.com.tw/
天下讀者俱樂部 Facebook www.facebook.com/cwbookclub